FRENCH
SHORT
STORIES
for
INTERMEDIATE
LEVEL + AUDIO

Improve Your Reading and Listening Skills in French

Frédéric BIBARD (TalkinFrench.com)

No part of this book including the audio material may be copied, reproduced, transmitted or distributed in any form without prior written permission of the author. For permission requests, write to: support@talkinfrench.com.

Also available:

French Short Stories for Intermediate Level Vol 2 (https://geni.us/fssivol2)

For more products by Talk in French, please visit:

https://store.talkinfrench.com/

TABLE OF CONTENTS

INTRODUCTION

Learn French in a more natural and entertaining way.

How does a child learn to talk, speak and read? By experience! Someone who cares talks to them, reads to them and teaches them how to write. What little child doesn't like to have a story read to them? Learn how to communicate in French the same way. It doesn't have to be complicated to be effective and enjoyable.

This book contains 7 original French short stories designed to help you **improve your reading and listening skills and learn new vocabulary easily.** The stories are fun and engaging. They are written for beginner to low intermediate French learners [or A2 level on the Common European Framework of Reference (CEFR)].

Enjoy yourself while you learn to speak French.

A common complaint for those learning to speak French is how difficult it is to find suitable reading material, and the lack of audio content to practice listening and pronunciation. This book provides a solution for both of those problems. It gives the reader a fun way to learn how to read, speak, listen to and pronounce French without getting bored or intimidated by the monotony of memorizing grammar rules and vocabulary lists. Have fun while learning French!

Useful story themes cultivate a natural development to speaking French instinctively.

Imagine listening to your favorite story. Learning happens naturally. Here, your brain puts the pieces of vocabulary and grammar structures together as you spend time in stories that revolve around real life scenarios. Then, use what you learn in your day-to-day conversations. You retain more because you can actually use it! In learning this way, your instincts connected with communication are engaged and your conversation will flow naturally.

Also, this format makes it easy for you to do away with the dictionary! (Thank heavens.) French-English glossaries are tucked into the stories to help you understand certain words. Not only will you will be introduced to over 700 new French words and expressions, but you will learn how to use them in the proper context.

Boost your progress by using the summary exercises at the end of each story to practice your writing skills.

The stories are not only interesting to read but also revolve around **useful situations**. You learn about: travelling, love, relationships, cooking, shopping, school, movies

Merci,

Frédéric BIBARD

Founder of TalkinFrench.com

ADVICE ON HOW TO USE THIS BOOK EFFECTIVELY

While you can choose your own way of enjoying this book, I have prepared some advice on how you can take full advantage of it and maximize your learning and enjoyment.

1. **Don't try to understand everything the first time around.** As a beginner, your French skills will take time to develop. You may not understand everything. That's OK. Don't give up or get frustrated just because you are stuck on one word. I have tried to provide as much vocabulary as possible that I believe can instill in your mind the comprehension of the stories. If one word confuses you, just skip it and continue reading.

2. **Beware of direct translation.** You may have already learned some individual French words separately. Sometimes, though, when these words are put together, the meaning completely changes. Be careful not to translate word for word. For example: « tout le monde » (literal meaning « all the world ») = everybody. The same idea applies for phrasal verbs. For example: « se mettre » (literal meaning « to put yourself ») = to start / to begin.

3. **Make use of the summary.** Each story comes with a sample summary. After reading each story, I encourage you to write your own summary to reinforce the learning process. After creating a summary based on your comprehension, compare it with the one provided. I highly recommend completing this exercise. It's a good way to boost your writing skills.

4. **Review the words you learned.** The vocabulary recap at the end of each chapter allows a review which will help you recall and retain the new vocabulary and expressions you learned in the story.

IMPROVE YOUR LISTENING AND PRONUNCIATION SKILLS WITH THE AUDIO RECORDING

Your book comes with the audio recording of each story, narrated by a native French speaker. Your comprehension of the spoken word will increase as your ears hear how the words sound and when you practice the pronunciation out loud while listening. The simple way a child learns how to communicate is the same method used here: practice and experience.

The stories are recorded in two ways:

-A slow version helps beginners improve their pronunciation

-A normal and natural speed furthers the intermediate and advanced learners' listening and comprehension skills

For beginner-level learners:

1. Read through the story first, focusing on understanding its subject matter and learning the vocabulary.

2. Then listen to the slow audio version to practice your listening comprehension and pronunciation.

3. Now listen to the natural speed version, increasing your ability to understand the story at this speed.

For intermediate to advanced-level learners:

1. Listen to the stories first. Confirm your understanding of them by reading it and checking out the vocabulary.

2. If you need to review, read the story, decide where your understanding needs improvement and start there!

How can you download the audio?

On the last page of this book, you will find the link which enables you to download the audio files that accompany this book (Page 192). Save the files onto any device and listen to the stories anywhere.

PLEASE READ!

The link to download the audio files is available at the end of this book. (Page 192)

HISTOIRE 1/STORY 1:

LES DUBOIS PARTENT EN VACANCES

En rentrant du travail, M. Dubois se demandait où il allait **emmener** sa famille en vacances. Les enfants ayant fini leurs **années scolaires** et sa période de **congé toute proche**, M. Dubois voulait **faire plaisir à tout le monde** en les emmenant visiter un nouveau pays pour les vacances.

Emmener - *to drive/to take*	
Années scolaires - *school years/academic years*	
Congé - *vacation/holiday*	
Toute proche - *approaching*	
Faire plaisir à tout le monde - *to make everyone happy*	
Tout le monde - *everyone*	

Une fois à la maison, M. Dubois parle à sa femme de son projet de vacances:

"Chérie, **j'ai vraiment envie d'aller à l'étranger** cette fois-ci pour les vacances."

Mme. Dubois lui répond: "Ah! Ça c'est une bonne idée! Mais pouvons-**nous nous permettre** des vacances à l'étranger?" Son mari la rassure et lui dit: **"Ne t'en fais pas** pour ça. **Nos économies** peuvent nous faire faire **le tour du monde."**

J'ai vraiment envie - *I really want*	
D'aller - *go (to go)*	
À l'étranger - *abroad*	
Nous permettre - *(to) allow us*	
Ne t'en fais pas - *don't worry*	
Nos économies - *our savings*	
Faire le tour du monde - *to travel around the world*	

Très contente, Mme Dubois court appeler ses enfants: "Erwan, Valentine, Isabelle, venez vite, nous avons une surprise pour vous !" Les enfants, **au courant**, ne **cachent** pas leur joie et un **conseil de famille** est rapidement **mis en place** pour choisir **le lieu** où la famille passera ses vacances.

Au courant - *aware*	
Cachent (cacher) - *hide (to hide)*	
Conseil de famille - *family meeting*	
Mis en place (mettre en place) - *put in place (to put in place)*	
Le lieu - *the place*	

M. Dubois donne à tout le monde **le droit** de **proposer** sa destination préférée, lui et Mme Dubois ont tous deux proposé le lieu où ils avaient passé leur **lune de miel**, il y a des années de cela. Erwan n'a pas tardé à montrer son refus: "Non! Pas le Brésil (!) Ce n'est plus aussi **sûr** qu'à votre époque, de plus ce n'est pas la période du carnaval de Rio. Si ce n'est que pour aller à la plage **autant** rester en France!" Et il a continué son discours en proposant le Royaume-Uni, ce qui lui **offrirait l'occasion** de revoir ses amis, qu'il avait **connu** lors d'un **échange scolaire**.

Le droit - *the right*	
Proposer - *to suggest*	
Lune de miel - *honeymoon*	
Sûr - *safe/secure*	
Autant - *as well (it is probably best to)*	
Rester - *to stay*	

Offrirait (offrir) - *would offer (to offer)*
L'occasion - *the chance/the opportunity*
Avait connu - *had known/had met*
Échange scolaire - *student exchange*

Valentine, elle, **n'était pas de l'avis de** son frère et dit à ses parents: "Papa! Maman! Ne **l'écoutez** pas. Il ne pense qu'à lui. Il refuse le Brésil de vos **souvenirs** en préférant aller voir ses copains. Moi, je vous propose d'aller en Thaïlande: un **dépaysement** total à la rencontre d'une culture exotique tout **en profitant** du soleil."

N'était pas de l'avis de - *was not of the same opinion as*
L'écoutez (écouter) - *listen to him (to listen)*
Souvenirs - *memories*
Dépaysement - *change of scenery*
En profitant - *while enjoying*

Isabelle, **qui vient à peine de fêter** ses treize ans, est d'accord avec sa sœur pour le continent mais pas pour la destination: "Val ! Tu as vraiment raison, l'Asie c'est trop cool. Mais je préférerais aller au Japon. Il y a tellement plus à voir **là-bas**." M. Dubois se trouve dans une situation **peu réjouissante**. La famille n'arrive pas vraiment à se mettre d'accord sur la destination des vacances.

Qui vient à peine de - *barely/has just turned (13 years old)*
Fêter - *to celebrate*
Là-bas - *over there*
Peu réjouissante - *bleak*

"Nous pouvons **tirer** les destinations **au sort** (=tirer au sort)!" déclare Erwan. Son père lui répond qu'ils ne peuvent pas laisser **le sort** décider de leurs vacances. A ce moment-là, une **sage** idée **traverse l'esprit** de Mme. Dubois qui en parle à son mari: "Joël ! Pourquoi ne pas **prendre** les quatre destinations **en compte**?!"

Tirer au sort - *draw lots (pick randomly)*
Sage - *wise*
Traverse l'esprit - *crosses the mind*
Prendre en compte - *to take into account/to consider*

« Tu veux **aller** visiter quatre pays?! »

«Mais bien sûr que non. Prenons un **ordinateur** et vérifions laquelle parmi les quatre destinations nous **convient** le mieux en matière d'argent, de conditions et de loisirs.«

«Très bonne idée Magalie. »

Aller - *to go*

Ordinateur - *computer*

Convient (convenir) - *is suitable (to be suitable)*

Toute la famille **se presse devant** l'ordinateur et après quelque petites recherches **il s'avère que** la Thaïlande est le meilleur choix. "Va pour la Thaïlande!" Annonce M. Dubois. Et il s'occupe de contacter une agence de voyage pour tout organiser.

Se presse (se presser) - *hurries (to hurry)*

Devant - *in front of*

Il s''avère que (s'avérer que) - *it turns out (to turn out)*

Dix jours plus tard, la famille Dubois, **prête à partir**, est **en train de charger** les derniers bagages dans la voiture: "Nous ne **déménageons** pas Valentine! Tu peux laisser quelques **affaires** à la maison."

Prête à partir - *ready to leave*

Charger - *to load*

En train de charger - *in the middle of loading*

Déménageons (déménager) - *move out (to move out) (house)*

Affaires - *belongings*

« Mais je prends le **strict nécessaire** Papa ! Dans un voyage comme celui-ci, nous devons être **prêts** à n'importe quelle situation. »

« Tu as sûrement raison. **Mais en quoi** une valise pleine de **maillots de bain est- elle nécessaire?** Deux ou trois te suffiront largement. Remets le reste dans ton armoire. Pas de **surplus inutile.**»

« D'accord.»

Strict nécessaire - *bare necessities*

Prêts - *ready*

Mais en quoi - *but in what/but for what*

Maillots de bain - *swimsuits*

Est-elle nécessaire - *is it needed*

Surplus - *extra*

Inutile - *useless*

Tant bien que mal, M. Dubois **arrive à faire rentrer** tout le monde et **l'ensemble** des bagages dans la voiture et démarre pour l'aéroport.

Tant bien que mal - *somehow*

Arrive à faire rentrer - *succeeds in putting/adjusting*

L'ensemble - *the whole of/all*

Une fois àl'aéroport, tout le monde **décharge** la voiture avant même que M. Dubois n'aille **garer** la voiture dans le parking de l'aéroport. Il propose à la famille de l'**attendre** devant le comptoir d'enregistrement. Un petit quart d'heure **plus tard**, le père arrive et **s'occupe** des **préparatifs** du vol avec Erwan pendant que tout le reste de la famille **patiente**.

Une fois - *once*

Àl'aéroport - *at the airport*

Décharge (décharger) - *unloads (to unload)*

Garer - *to park*

Attendre - *to wait*

Plus tard - *later*

S'occupe (s'occuper) - *takes care of (to take care of)*

Préparatifs - *preparations*

Patiente - *waits patiently*

Après une demi-heure d'attente, le message **d'embarquement** pour le **vol** Paris-Bangkok retentit, les Dubois se pressent d'aller **se présenter à** la salle d'embarquement puis vers l'avion. Et c'est ainsi que l'aventure Thaïlandaise de la famille Dubois a commencé.

Embarquement - *departure*

Vol - *flight*

Se présenter à - *to show up at*

Douze heures plus tard, les Dubois sont à Bangkok après avoir **tout réglé** avec les **douanes locales**. Ils sortent de l'aéroport où ils sont surpris par deux personnes

brandissant un drapeau français et une **pancarte** avec Dubois écrit dessus. Isabelle **interpelle** ses parents en disant: "Qui sont ces gens?!" Sa mère lui répond: "Ton père a **tout prévu** depuis la maison. Ce sont très certainement nos guides."

Tout réglé - *all set*

Douanes locales - *local customs*

Brandissant (brandisser) - *brandishing/waving (to brandish/to wave)*

Pancarte - *sign*

Interpelle (interpeller) - *shouts out to (to shout out to)*

A tout prévu - *planned everything*

La famille se dirige vers les guides. Le premier, un Européen assez grand, de grands yeux clairs, et des cheveux noirs, qui ne laissent pas indifférent Valentine, s'avance et se présente: "Bonjour les Dubois! Bienvenue en Thaïlande. Mon nom est Sébastien je serai l'un de vos guides. Je suis français et je vis en Thaïlande depuis un certain temps déjà."

Le deuxième guide, une locale, s'avance et se présente à son tour: "Bienvenue à Bangkok. Je m'appelle Mani je suis Thaïlandaise. Je serai votre second guide. Vous passerez un très bon **séjour** avec nous." Et les Dubois sont invités à monter dans un petit van garé juste **derrière** les guides qui vont **les mener à** leur hôtel.

Séjour - *stay*

Derrière - *behind*

Les mener à - *will lead them to (to lead to)*

En chemin Sébastien **s'entretient** avec M. Dubois:

"Vous voulez qu'on vous conduise vers l´un de nos hôtels partenaires ? Vous pouvez **avoir confiance**. Nous travaillons avec eux depuis longtemps et ce sont des gens très sérieux.

-Non **je vous remercie**. J'ai déjà réservé deux chambres à l'hôtel Hansar Bangkok.

-Très bon choix. C'est aussi un de nos partenaires."

S'entretient (s'entretenir) - *is talking/is having a conversation (to talk/to have a conversation)*

Avoir confiance - *to trust*

Je vous remercie - *thank you*

Arrivés à l'hôtel, Mani **s'occupe** d'aller chercher **les clefs** des chambres des Dubois pendant que Sébastien aide Erwan à **descendre** les bagages du van. Une fois dans l'hôtel la famille **s'étonne** de la **beauté** de celui-ci. Pendant que Mani revient avec un **bagagiste** qui conduit les Dubois à leurs chambres, Mani et Sébastien prennent **congé**, laissant les Dubois **se reposer** de leur long trajet:"M. Dubois, je vous ai laissé nos numéros **en cas de besoin**. Vous pouvez m'appeler depuis le téléphone de l'hôtel. Sinon, **comme prévu**,nous nous reverrons en soirée." M. Dubois le remercie avant de rejoindre sa chambre.

S'occupe de (s'occuper de) - *takes care of (to take care of)*	
Les clefs - *the keys*	
Descendre - *to unload*	
S'étonne (s'étonner) - *is surprised (to be surprised)*	
Beauté - *beauty*	
Bagagiste - *porter*	
Prendre congé - *to leave*	
Se reposer - *to take a rest/to rest*	
En cas de besoin - *if necessary*	
Comme prévu - *according to plan*	

La soirée arrivée et les Dubois remis de leur long voyage, Mani et Sébastien **reviennent** pour les emmener **dîner** et passer une **merveilleuse** première soirée à Bangkok.

Reviennent (revenir) - *come back (to come back)*	
Dîner - *to have dinner*	
Merveilleuse - *wonderful/marvelous*	

"Bonsoir les Dubois. Alors, **bien remis?**" Lance Sébastien en arrivant. Erwan réplique avec un air **étourdi**: "Pas trop je sens que **mon dos est en compote**." Le guide lui **sourit** et lui dit: "Le programme de ce soir vient au bon moment à ce que je vois! Après le repas, je vous ai réservé un massage thaï pour bien vous **détendre** après un aussi long voyage." Tout le monde **approuve** avec un grand enthousiasme.

Bien remis - *well-recovered*	
Étourdis - *dazed*	
Mon dos est en compote - *my back is killing me/sore back*	
Sourit (sourire) - *smiles (to smile)*	

> Se détendre - *to relax*
>
> Approuve (approuver) - *agrees with (to agree with)*

Arrivée au restaurant de l'hôtel, Valentine demande à Sébastien si ce n'est pas **coûteux** de manger dans un restaurant aussi luxueux. Le guide lui répond que grâce au partenariat avec son agence de voyage, ils ont droit à certains **privilèges** sur les tarifs . Il lui signale que ceux-ci sont écrits dans le **dépliant** donné plus tôt

> Coûteux - *costly/expensive*
>
> Privilèges - *advantages/benefits*
>
> Dépliant - *leaflet/pamphlet*

Très contente, Valentine **commence à** réfléchir à la suite du voyage. Mani montre que la famille peut avoir un menu exotique et très **raffiné** pour seulement 20 € tout compris. Après un bon repas et un massage très relaxant, la famille repart se reposer pour la nuit.

> Commence à (commencer à) - *is starting to (to start to)*
>
> Raffiné - *refined*

Quelques jours plus tard et après avoir vu bon nombre d'endroits **incontournables** de la ville, la **gent féminine** de la famille veut aller **faire les magasins** tandis que les hommes préfèrent aller voir le palais royal de Bangkok. N'arrivant pas à se décider, Sébastien et Mani **proposent** de se séparer. Ainsi, chacun fera ce qu'il voudra: l'équipe de Mani fera les magasins et l'équipe de Sébastien ira au palais royal. Les Dubois trouvent que c'est la meilleure des solutions.

> Incontournables - *unavoidable*
>
> Gent féminine - *womankind*
>
> Faire les magasins - *to go shopping*
>
> Proposent (proposer) - *offer (to offer)*

Et c'est parti pour **une sortie** à Bangkok ! L'équipe de Mani se dirige vers un **marché** très **réputé** chez les touristes avec des prix très **attrayants**. Valentine arrive devant un joli paréo qui irait bien avec un de ses maillots de bain, elle désire l'acheter. Elle attrape Mani pour faire la transaction: "Mani vous pouvez m'aider s'il-vous-plaît? J'aimerais acheter ça."

> Et c'est parti - *here we go*

Une sortie - *outing*
Marché - *market*
Réputé - *renowned*
Attrayants - *attractive*

« Oui bien sûr. Le vendeur dit qu'il est à 30 Bats. As-tu de la **devise** thaïlandaise sur toi?

Oui Papa m'en a donnée. Demande-lui si j'ai droit à une **réduction** si j'en prends deux? Isabelle en veut un elle aussi.

Il accepte de te vendre les deux à 50 Bats et c'est son dernier prix, **ça te convient**?

Oui ça me va. »

Devise - *currency*
Réduction - *discount*
Ça te convient? - *does it suit you?*

Valentine, **aux anges** après quelques **achats**, dit à Mani qu'elle, sa sœur et sa mère voudraient bien manger quelque chose. Mani lui dit qu'ici il n'y a que de la **nourriture saine**, délicieuse et pas chère. Les filles **acceptent de tenter** l'expérience et se dirigent vers un vendeur **ambulant** qui vend des **grillades**.

Aux anges (être aux anges) - *on cloud nine (to be on cloud nine)*
Achats - *purchases*
Nourriture saine - *healthy food*
Acceptent de tenter - *accept to attempt*
Ambulant - *itinerant (traveling seller)*
Grillades - *grilled food*

De leur côté, les hommes de la famille, eux, sont **en pleine** expérience culturelle avec un Sébastien très **connaisseur** de l'histoire des lieux. Erwan, quant à lui, est **ravi de l'affaire** qu'il a faite en achetant trois tickets pour le prix de deux. La visite du palais terminée, il reste beaucoup de temps aux Dubois. Ils décident de **se retrouver** et de faire des activités **ensemble**. Dans l'après-midi, ils vont visiter des temples et acheter des **souvenirs**.

En pleine - *right in the middle*
Connaisseur - *expert/connoisseur*

| Ravi de l'affaire - *delighted by the deal* |
| Se retrouver - *to meet up* |
| Ensemble - *together* |
| Souvenirs - *souvenirs* |

Le soir-même, Sébastien et Mani annoncent que leur temps à Bangkok est **terminé** et qu'ils doivent se préparer pour aller à Phuket pour **profiter** de la mer le lendemain. Valentine, toute contente d'avoir l'occasion de mettre ses maillots de bain et son tout nouveau paréo, pose une question à Sébastien: "Vous viendrez avec nous j'espère?"

Sébastien lui répond : "Oui évidemment, nous serons vos guides **tout au long de** votre séjour.

-Ah! Très bien **ça me rassure**."

| Terminé - *is over/ended* |
| Profiter de - *to make the most of/take advantage of/enjoy* |
| Tout au long de - *throughout* |
| Ça me rassure - *it reassures me* |

Le lendemain, les Dubois sont attendus aux portes de leur hôtel par leurs guides qui viennent les chercher avec le même van. Mme Dubois demande: "Combien de temps durera le voyage, Mani ?

-Toute une journée Madame. Nous y allons en van comme ça vous pourrez voir un peu du pays."

Le voyage commence et les paysages **défilent**. **Ces vues** merveilleuses depuis le van font **oublier** le long voyage aux Dubois qui apprécient le spectacle. Arrivée à Phuket, la famille est **conduite** dans un autre hôtel qui n'est pas **partenaire** de l'agence, ce qui **supprime** les privilèges et les réductions qu'il y avait à Bangkok. Mais le personnel de cet hôtel est bien plus **accueillant** que celui du précédent, qui vient accueillir ses touristes à la porte. La soirée se finit rapidement. Tout le monde pense plus à dormir qu'à autre chose.

| Défilent (défiler) - *pass/scroll (to pass/to scroll)* |
| Ces vues - *these views* |
| Oublier - *to forget* |
| Conduite - *driven* |
| Partenaire - *partner* |

Supprime (supprimer) - *removes/cancels (to remove/to cancel)*

Accueillant - *welcoming*

Le lendemain matin, la famille est surprise de voir que l'hôtel où ils sont **logés** possède un sauna et une piscine et est en plus situé tout près de la plage : ce qui laisse un choix **énorme** en matière de **divertissements**. La famille **s'amuse** énormément durant son séjour à Phuket, mais **hélas**, tout à une fin. Et après quelques jours les Dubois **se dirigent vers** l'aéroport pour repartir en France. Le **cœur lourd** mais **riche en souvenirs**, les Dubois disent au revoir à la Thaïlande.

Logés - *lodged/accommodated*

Énorme - *huge*

Divertissements - *entertainment*

S'amuse (s'amuser) - *has fun (to have fun)*

Hélas - *unfortunately/sadly*

Se dirigent vers (se diriger vers) - *are headed to (to head to)*

Cœur lourd - *heavy heart*

Riche en souvenirs - *rich in memories/full of memories*

VOCABULARY RECAP 1

Emmener - *to drive/to take*

Années scolaires - *school years/academic years*

Congé - *vacation/holiday*

Toute proche - *approaching*

Faire plaisir à tout le monde - *to make everyone happy*

Tout le monde - *everyone*

J'ai vraiment envie - *I really want*

Aaller - *to go*

À l'étranger - *abroad*

Nous permettre - *to allow us*

Ne t'en fais pas - *don't worry*

Nos économies - *our savings*

Faire le tour du monde - *to travel around the world*

Au courant - *aware*

Cachent (cacher) - *hide (to hide)*

Conseil de famille - *family meeting*

Mis en place (mettre en place) - *put in place (to put in place)*

Le lieu - *the place*

Le droit - *the right*

Proposer - *to suggest*

Lune de miel - *honeymoon*

Sûr - *safe/secure*

Autant - *as well (it is probably best to)*

Rester - *to stay*

Offrirait (offrir) - *would offer (to offer)*

L'occasion - *the chance/the opportunity*

Avait connu - *had known/had met*

Échange scolaire - *student exchange*

N'était pas de l'avis de - *was not of the same opinion as*

L'écoutez (écouter) - *listen to him*

Souvenirs - *memories*

Dépaysement - *change of scenery*

En profitant - *while enjoying*

Qui venait à peine de - *barely/has just turned (13 years old)*

Fêter - *to celebrate*

Là-bas - *over there*

Peu réjouissante - *bleak*

Tirer au sort - *draw lots (pick randomly)*

Sage - *wise*

Traverse l'esprit - *crosses the mind*

Prendre en compte - *to take into account/to consider*

Aille (aller) - *go (to go)*

Ordinateur - *computer*

Convient (convenir) - *is suitable (to be suitable)*

Se presse (se presser) - *hurries (to hurry)*

Devant - *in front of*

Il s'avère que (s'avérer que) - *turns out (to turn out)*

Prête à partir - *ready to leave*

Charger - *to load*

En train de charger - *in the middle of loading*

Déménageons (déménager) - *move out (to move out) (house)*

Affaires - *belongings*

Strict nécessaire - *bare necessities*

Prêts - *ready*

Mais en quoi - *but in what/but for what*

Maillots de bain - *swimsuits*

Est-elle nécessaire - *is it needed*

Surplus - *extra*

Inutile - *useless*

Tant bien que mal - *somehow*

Arrive à faire rentrer - *succeeds in putting/adjusting*

L'ensemble - *the whole of/all*

Une fois - *once*

À l'aéroport - *at the airport*

Décharge (décharger) - *unloads (to unload)*

Garer - *to park*

Attendre - *to wait*

Plus tard - *later*

S'occupe (s'occuper) - *takes care of (to take care of)*

Préparatifs - *preparations*

Patiente - *waits patiently*

Embarquement - *departure*

Vol - *flight*

Se présenter à - *to show up at*

Tout réglé (régler) - *all set*

Douanes locales - *local customs*

Brandissant (brandisser) - *brandishing/waving (to brandish/to wave)*

Pancarte - *sign*

Interpelle (interpeller) - *shouts out to (to shout out to)*

A tout prévu - *planned everything*

Séjour - *stay*

Derrière - *behind*

Les mener à - *will lead them to (to lead to)*

S'entretient (s'entretenir) - *is talking/is having a conversation (to talk/to have a conversation)*

Avoir confiance - *to trust*

Je vous remercie - *thank you*

S'occupe de (s'occuper de) - *takes care of (to take care of)*

Les clefs - *the keys*

À descendre - *unload*

S'étonne - *is surprised*

Beauté - *beauty*

Bagagiste - *porter*

Prendre congé - *to leave*

Se reposer - *to take a rest/to rest*

En cas de besoin - *if necessary*

Comme prévu - *according to plan*

Reviennent (revenir) - *come back (to come back)*

Dîner - *to have dinner*

Merveilleuse - *wonderful/marvelous*

Bien remis - *well-recovered*

Étourdis - *dazed*

Mon dos est en compote - *my back is killing me/sore back*

Sourit (sourire) - *smiles (to smile)*

Se détendre - *to relax*

Approuve (approuver) - *agrees with (to agree with)*

Coûteux - *costly/expensive*

Privilèges - *advantages/benefits*

Dépliant - *leaflet/pamphlet*

Commence à (commencer à) - *is starting to (to start to)*

Raffiné - *refined*

Incontournables - *unavoidable*

Gent féminine - *womankind*

Faire les magasins - *to go shopping*

Proposent (proposer) - *offer (to offer)*

Et c'est parti - *here we go*

Une sortie - *outing*

Marché - *market*

Réputé - *renowned*

Attrayants - *attractive*

Devise - *currency*

Reduction - *discount*

Ça te convient? - *does it suit you?*

Aux anges (être aux anges) - *on cloud nine (to be on cloud nine)*

Achats - *purchases*

Nourriture saine - *healthy food*

Acceptent de tenter - *accept to attempt*

Ambulant - *itinerant (traveling seller)*

Grillades - *grilled food*

En pleine - *right in the middle*

Connaisseur - *expert/connoisseur*

Ravi de l'affaire *delighted by the deal*

Se retrouver - *to meet up*

Ensemble - *together*

Souvenirs - *souvenirs*

Terminé - *is over/ended*

Profiter de - *to make the most of/to take advantage of/to enjoy*

Tout au long de - *throughout*

Ça me rassure - *it reassures me*

Défilent (défiler) - *pass/scroll (to pass/to scroll)*

Des vues - *these views*

Oublier - *to forget*

Conduite - *driven*

Partenaire - *partner*

Supprime (supprimer) - *removes/cancels (to remove/to cancel)*

Accueillant - *welcoming*

Logés - *lodged/accommodated*

Énorme - *huge*

Divertissements - *entertainment*

S'amuse (s'amuser) - *has fun (to have fun)*

Hélas - *unfortunately/sadly*

Se dirigent vers (se diriger vers) - *are headed to (to head to)*

Cœur lourd - *heavy heart*

Riche en souvenirs - *rich in memories/full of memories*

PRACTICE YOUR WRITING

Write a short summary of this story.

Sample:

Profitant de quelques semaines de congé et des vacances de ses enfants, M. Dubois décide de prendre toute sa famille à l'étranger pour les vacances. Il est ravi d'en parler. Monsieur et Madame Dubois proposent le pays de leur lune de miel comme destination. Leurs enfants, Erwan, Valentine, et Isabelle, proposent une destination chacun, eux aussi. Après de longues discussions, et quelques comparaisons, c'est finalement la Thaïlande.

Dix jours se sont écoulés depuis le choix de la destination des vacances. Les Dubois chargent leurs voitures et partent pour l'aéroport. Ils passent à l'enregistrement. Ils embarquent et leur aventure Thaïlandaise commence.

Arrivée à Bangkok, la famille Dubois est surprise par deux guides qui sont venus les attendre : « Bonjour ! Nous sommes Sébastien, et Mani. Nous sommes vos guides. » M. Dubois ayant tout prévu, les guides sont venus les chercher et les emmener à leur hôtel.

La première soirée prévue est une soirée de relaxation. Les jours suivants, les Dubois ont bien visité la ville et ont vu tous les lieux emblématiques de Bangkok. Un beau matin, les Dubois n'arrivant pas à se décider sur quoi faire, les guides les séparent en deux équipes : Shopping pour les filles et visite du palais royal pour les hommes. Les filles font plein de bonnes affaires, alors qu'Erwan et son père découvrent la culture thaïlandaise. En fin de journée, leurs guides leur annoncent que le lendemain ils quitteront Bangkok pour Phuket. Ils profiteront des plages du pays.

Les Dubois terminent leurs vacances avec beaucoup de bonheur avant que le moment pour repartir vers la France n'arrive. Les Dubois sont tristes. Ils **rembarquent** pour la France, mélancoliques, mais le cœur plein de souvenirs.

Rembarquer - ***to re-embark***

TRANSLATION

En rentrant du travail, M. Dubois se demandait où il allait emmener sa famille en vacances. Les enfants ayant fini leurs années scolaires et sa période de congé toute proche, M. Dubois voulait faire plaisir à tout le monde en les emmenant visiter un nouveau pays pour les vacances.

While on his way home from work, Mr. Dubois was wondering where he would take his family on vacation. As the children had finished their school year, and with his vacation time approaching, Mr. Dubois wanted to please everyone by taking them to a new country for the vacation.

Une fois à la maison, M. Dubois parle à sa femme de son projet de vacances:
"Chérie, j'ai vraiment envie d'aller à l'étranger cette fois-ci pour les vacances."
Mme. Dubois lui répond: "Ah ! Ça c'est une bonne idée! Mais pouvons- nous nous permettre des vacances à l'étranger?" Son mari la rassure et lui dit: "Ne t'en fais pas pour ça. Nos économies peuvent nous faire faire le tour du monde."

Once home, Mr. Dubois speaks to his wife about his vacation plans:

"Darling, I really want to go overseas for our vacation this time."

Mrs. Dubois says to him: "Oh, that's a great idea! But can we afford to go abroad on vacation?" Her husband reassures her and says, "Don't worry yourself about that. Our savings will allow us travel around the world."

Très contente, Mme Dubois court appeler ses enfants: "Erwan, Valentine, Isabelle, venez vite, nous avons une surprise pour vous!" Les enfants, au courant, ne cachent pas leur joie et un conseil de famille est rapidement mis en place pour choisir le lieu où la famille passera ses vacances.

Quite happy, Mrs. Dubois runs to tell her children, "Erwan, Valentine, Isabelle, come quick, we have a surprise for you!" As they just heard of it, the children can't contain their excitement, and so the family gathers to decide where they will spend their vacation.

M. Dubois donne à tout le monde le droit de proposer sa destination préférée, lui et Mme Dubois ont tous deux proposé le lieu où ils avaient passé leur lune de miel, il y a des années de cela. Erwan n'a pas tardé à montrer son

refus: "Non! Pas le Brésil (!) Ce n'est plus aussi sûr qu'à votre époque, de plus ce n'est pas la période du carnaval de Rio. Si ce n'est que pour aller à la plage autant rester en France!" Et il a continué son discours en proposant le Royaume-Uni, ce qui lui offrirait l'occasion de revoir ses amis, qu'il avait connu lors d'un échange scolaire.

Mr. Dubois allows each one of them to say their favorite vacation place, and he and Mrs. Dubois proposed the place where they had spent their honeymoon some years earlier. Erwan didn't waste one moment in refusing, "No! Not Brazil! It's no longer as safe as it was in your time, and also it isn't even the time for the Rio Carnival. If only going to go to the beach, we may as well stay in France!" And he continued his speech by suggesting the United Kingdom where he would have the opportunity to see his friends again, the ones he met when he was on a school exchange.

Valentine, elle, n'était pas de l'avis de son frère et dit à ses parents: "Papa! Maman! Ne l'écoutez pas. Il ne pense qu'à lui. Il refuse le Brésil de vos souvenirs en préférant aller voir ses copains. Moi, je vous propose d'aller en Thaïlande: un dépaysement total à la rencontre d'une culture exotique tout en profitant du soleil."

Valentine, she doesn't share the same view as her brother, and so she says to her parents: "Daddy, Mom, don't listen to him. He is only thinking of himself. He's saying no to the Brazil you remember in favor of seeing his own friends. Me, I propose going to Thailand: a total change of scenery with an exotic culture while enjoying some sun."

Isabelle, qui vient à peine de fêter ses treize ans, est d'accord avec sa sœur pour le continent mais pas pour la destination: "Val ! Tu as vraiment raison, l'Asie c'est trop cool. Mais je préférerais aller au Japon. Il y a tellement plus à voir là-bas." M. Dubois se trouve dans une situation peu réjouissante. La famille n'arrive pas vraiment à se mettre d'accord sur la destination des vacances.

Isabelle, who just barely turned 13, agrees with her sister on the continent, but not on the destination: "Val! You are so right, Asia is really cool, but I would prefer to go to Japan. There's so much more to see over there." Mr. Dubois finds himself in an unwelcome situation. The family can't agree on the vacation destination.

"Nous pouvons tirer les destinations au sort (=tirer au sort)!" déclare Erwan. Son père lui répond qu'ils ne peuvent pas laisser le sort décider de leurs vacances. A ce moment-là, une sage idée traverse l'esprit de Mme. Dubois qui en parle à son mari: "-Joël ! Pourquoi ne pas prendre les quatre destinations en compte?!"

"We can decide the destination by drawing lots" declares Erwan. His father tells him that they can't leave the decision on their vacation to chance. At that moment, a wise idea crosses Mrs. Dubois's mind and she says to her husband, "Joel! Why not consider all four destinations?!"

« Tu veux aller visiter quatre pays?!

-Mais bien sûr que non. Prenons un ordinateur et vérifions laquelle parmi les quatre destinations nous convient le mieux en matière d'argent, de conditions et de loisirs.

-Très bonne idée Magalie. »

"You want to visit four countries?!"

"Not at all. Let's get a computer and figure out which one of the four is most suitable for the money, the amenities and the activities."

"Very good idea, Magalie."

Toute la famille se presse devant l'ordinateur et après quelque petites recherches il s'avère que la Thaïlande est le meilleur choix. "Va pour la Thaïlande!" Annonce M. Dubois. Et il s'occupe de contacter une agence de voyage pour tout organiser.

Everyone rushes to the computer and with a bit of research it turns out that Thailand is the best choice. "We're going to Thailand!" announces Mr. Dubois. And he gets busy contacting a travel agency to organize it all.

Dix jours plus tard, la famille Dubois, prête à partir, est en train de charger les derniers bagages dans la voiture: "Nous ne déménageons pas Valentine! Tu peux laisser quelques affaires à la maison."

Ten days later and ready to leave, the Dubois family is in the middle of loading the car: "We are not moving house, Valentine! You can leave some of your things at home!"

« Mais je prends le strict nécessaire Papa ! Dans un voyage comme celui-ci, nous devons être prêts à n'importe quelle situation.»

-Tu as sûrement raison. Mais en quoi une valise pleine de maillots de bain est- elle nécessaire? Deux ou trois te suffiront largement. Remets le reste dans ton armoire. Pas de surplus inutile.

-D'accord.

"But I'm only taking the bare essentials, Dad! On a trip like this, we have to be ready for any situation."

"You're probably right. But why is a suitcase full of bathing suits necessary? Two or three will suffice. Put the rest in your closet. No useless extras."

"Okay."

Tant bien que mal, M. Dubois arrive à faire rentrer tout le monde et l'ensemble des bagages dans la voiture et démarre pour l'aéroport.

Somehow, Mr. Dubois succeeds in putting everyone and all the luggage into the car and heads off for the airport.

Une fois à l'aéroport, tout le monde décharge la voiture avant même que M. Dubois n'aille garer la voiture dans le parking de l'aéroport. Il propose à la famille de l'attendre devant le comptoir d'enregistrement. Un petit quart d'heure plus tard, le père arrive et s'occupe des préparatifs du vol avec Erwan pendant que tout le reste de la famille patiente.

Once at the airport, everyone unloads the car even before Mr. Dubois has parked the car in the airport carpark. He suggests that the family waits for him in front of the registration counter. A short 15-minutes later, father arrives and deals with the flight preparations with Erwan while the rest of the family waits patiently.

Après une demie heure d'attente, le message d'embarquement pour le vol Paris-Bangkok retentit, les Dubois se pressent d'aller se présenter à la salle d'embarquement puis vers l'avion. Et c'est ainsi que l'aventure Thaïlandaise de la famille Dubois a commencé.

After half an hour of waiting, they announce boarding for the Paris to Bangkok flight and the Dubois family quickly shows up at the gate for their plane. And this is how the Thailand adventure for the Dubois family began.

Douze heures plus tard, les Dubois sont à Bangkok après avoir tout réglé avec les douanes locales. Ils sortent de l'aéroport où ils sont surpris par deux personnes brandissant un drapeau français et une pancarte avec Dubois écrit dessus. Isabelle interpelle ses parents en disant: "Qui sont ces gens?!" Sa mère lui répond: "Ton père a tout prévu depuis la maison. Ce sont très certainement nos guides."

Twelve hours later, the Dubois are in Bangkok having sorted out local customs. They leave the airport where they are surprised by two people brandishing a French flag and a sign with their name, Dubois, on it. Isabelle calls to her parents, "Who are those people?!" Her mother tells her, "Your father arranged it all from home. They must be our guides."

La famille se dirige vers les guides. Le premier, un Européen assez grand, de grands yeux clairs, et des cheveux noirs, qui ne laissent pas indifférent Valentine, s'avance et se présente: "Bonjour les Dubois! Bienvenue en Thaïlande. Mon nom est Sébastien je serai l'un de vos guides. Je suis français et je vis en Thaïlande depuis un certain temps déjà."

Le deuxième guide, une locale, s'avance et se présenteà son tour: "Bienvenue à Bangkok. Je m'appelle Mani je suis Thaïlandaise. Je serai votre second guide. Vous passerez un très bon séjour avec nous." Et les Dubois sont invités à monter dans un petit van garé juste derrière les guides qui vont les mener à leur hôtel.

The family heads to the guides. The first one, a tall-ish European with large clear eyes and black hair, makes an impression on Valentine, moves towards them and introduces himself: "Hello Dubois family! Welcome to Thailand. My name is Sebastian and I will be one of your guides. I am French and I've been living in Thailand for a while now."

The second guide, a local man, approaches and says, "Welcome to Bangkok. My name is Mani and I am from Thailand. I will be your second guide. You will have a very enjoyable stay with us." And the Dubois are invited to hop into a small van parked just behind the guides who will lead them to their hotel.

En chemin Sébastien s'entretient avec M. Dubois:

"Vous voulez qu'on vous conduise vers l'un de nos hôtels partenaires ? Vous pouvez avoir confiance. Nous travaillons avec eux depuis longtemps et ce sont des gens très sérieux.

-Non je vous remercie. J'ai déjà réservé deux chambres à l'hôtel Hansar Bangkok.

-Très bon choix. C'est aussi un de nos partenaires."

Along the way Sebastian is chatting with Mr. Dubois:

"Would you like us to drive you to one of our partner hotels? You can trust them. We've worked with them for a long time and they are serious people."

"No, thank you. I have already reserved two rooms at Hotel Hansar in Bankok."

"A very good choice. That is also one of our partners."

Arrivés à l'hôtel, Mani s'occupe d'aller chercher les clefs des chambres des Dubois pendant que Sébastien aide Erwan à descendre les bagages du van. Une fois dans l'hôtel la famille s'étonne de la beauté de celui-ci. Pendant que Mani revient avec un bagagiste qui conduit les Dubois à leurs chambres, Mani et Sébastien prennent congé, laissant les Dubois se reposer de leur long trajet: "M. Dubois, je vous ai laissé nos numéros en cas de besoin. Vous pouvez m'appeler depuis le téléphone de l'hôtel. Sinon, comme prévu, nous nous reverrons en soirée." M. Dubois le remercie avant de rejoindre sa chambre.

Once at the hotel, Mani is busy looking for the room keys for the Dubois while Sebastian helps Erwan unload the bags from the van. Once inside the hotel the family is surprised by its beauty. While Mani comes back with a porter who leads the Dubois to their rooms, Mani and Sebastian take their leave, allowing the Dubois to rest after their long journey. "Mr. Dubois, I have left you our numbers in case you need them. You can call me from the hotel phone. Nevertheless, as planned we will see you this evening." Mr. Dubois thanks them before returning to his room.

La soirée arrivée et les Dubois remis de leur long voyage, Mani et Sébastien reviennent pour les emmener dîner et passer une merveilleuse première soirée à Bangkok.

The evening arrived and Mani and Sebastian returned to take the Dubois, rested from their journey, to dinner and to spend a marvellous first evening in Bangkok.

"Bonsoir les Dubois. Alors, bien remis?" Lance Sébastien en arrivant. Erwan réplique avec un air étourdi: "Pas trop je sens que mon dos est en compote." Le guide lui sourit et lui dit: "Le programme de ce soir vient au bon moment

à ce que je vois! Après le repas, je vous ai réservé un massage thaï pour bien vous détendre après un aussi long voyage." Tout le monde approuve avec un grand enthousiasme.

"Good evening Dubois. How are you feeling?" Sebastian asks as he arrives. Erwan replies with a dazed look, "Not really, my back's killing me." The guide smiles at him and says, "Tonight's program will have come at just the right time then! After the meal I have reserved a Thai massage for you to help you relax after such a long journey." Everyone agrees enthusiastically with this idea.

Arrivée au restaurant de l'hôtel, Valentine demande à Sébastien si ce n'est pas coûteux de manger dans un restaurant aussi luxueux. Le guide lui répond que grâce au partenariat avec son agence de voyage, ils ont droit à certains privilèges sur les tarifs. Il lui signale que ceux-ci sont écrits dans le dépliant donné pus tôt.

Having arrived at the hotel's restaurant, Valentine asks Sebastian if it isn't very expensive to eat at such a luxurious restaurant. The guide tells her that thanks to the partnership with his travel agency, they have a right to certain benefits on the costs. He shows her that these details are written in the pamphlet he gave them earlier.

Très contente, Valentine commence à réfléchir à la suite du voyage. Mani montre que la famille peut avoir un menu exotique et très raffiné pour seulement 20 € tout compris. Après un bon repas et un massage très relaxant, la famille repart se reposer pour la nuit.

Quite happy, Valentine begins to reflect on the next part of the trip. Mani shows them that the family can have an exotic and refined menu for only 20 euros each, all-inclusive. After a good meal and a very relaxing massage, the family goes off to rest for the night.

Quelques jours plus tard et après avoir vu bon nombre d'endroits incontournables de la ville, la gent féminine de la famille veut aller faire les magasins tandis que les hommes préfèrent aller voir le palais royal de Bangkok. N'arrivant pas à se décider, Sébastien et Mani proposent de se séparer. Ainsi, chacun fera ce qu'il voudra: l'équipe de Mani fera les magasins et l'équipe de Sébastien ira au palais royal. Les Dubois trouvent que c'est la meilleure des solutions.

A few days later and having seen some unforgetable spots in the city, the women in the family want to go shopping whereas the males prefer to see the Royal Palace of Bangkok. Unable to decide, Sebastien and Mani suggest that they split up. This way, everyone will be able to do what he or she wants: Mani's team will do the stores and Sebastian's team will go to the Royal Palace. The Dubois find this to be the best solution.

Et c'est parti pour une sortie à Bangkok ! L'équipe de Mani se dirige vers un marché très réputé chez les touristes avec des prix très attrayants. Valentine arrive devant un joli paréo qui irait bien avec un de ses maillots de bain, elle désire l'acheter. Elle attrape Mani pour faire la transaction: "Mani vous pouvez m'aider s'il-vous-plaît? J'aimerais acheter ça."

And they're off for an outing in Bangkok! Mani's team heads towards a very reputable market among tourists with very attractive prices. Valentine finds a pretty beach wrap that would go well with one of her swimsuits and she wants to buy it. She grabs Mani to make the purchase: "Mani, can you help me please? I would like to buy this."

« Oui bien sûr. Le vendeur dit qu'il est à 30 Bats. As-tu de la devise thaïlandaise sur toi?

Oui Papa m'en a donnée. Demande-lui si j'ai droit à une réduction si j'en prends deux? Isabelle en veut un elle aussi.

Il accepte de te vendre les deux à 50 Bats et c'est son dernier prix, ça te convient?

Oui ça me va. »

"Yes of course. The seller says it's 30 Baht. Do you have any Thailand currency on you?"

"Yes, Dad gave me some. Ask him if I can have a discount if I purchase two? Isabelle wants one as well."

"He agrees to sell you two for 50 Baht and that's his final offer. Does that suit you?"

"Yes, that's good for me."

Valentine, aux anges après quelques achats, dit à Mani qu'elle, sa sœur et sa mère voudraient bien manger quelque chose. Mani lui dit qu'ici il n'y a que de la nourriture saine, délicieuse et pas chère. Les filles acceptent de tenter l'expérience et se dirigent vers un vendeur ambulant qui vend des grillades.

Valentine, on Cloud 9 after making several purchases, says to Mani that she, her sister and her mother would really like to eat something. Mani tells her that there's only healthy food here, delicious and inexpensive. The girls agree to try the experience and head toward a traveling salesman who sells grilled foods.

De leur côté, les hommes de la famille, eux, sont en pleine expérience culturelle avec un Sébastien très connaisseur de l'histoire des lieux. Erwan, quant à lui, est ravi de l'affaire qu'il a faite en achetant trois tickets pour le prix de deux. La visite du palais terminée, il reste beaucoup de temps aux Dubois. Ils décident de se retrouver et de faire des activités ensemble. Dans l'après-midi, ils vont visiter des temples et acheter des souvenirs.

For their part, the men of the family are making the most of their cultural experience with Sebastian who is an expert on site history. As for Erwan, he is delighted by the deal he made of buying three tickets for the price of two. With the visit to the palace over, they still have plenty of time to spend for the Dubois. They decide to meet up and do some activities together. In the afternoon, they are going to visit temples and buy some souvenirs.

Le soir-même, Sébastien et Mani annoncent que leur temps à Bangkok est terminé et qu'ils doivent se préparer pour aller à Phuket pour profiter de la mer le lendemain. Valentine, toute contente d'avoir l'occasion de mettre ses maillots de bain et son tout nouveau paréo, pose une question à Sébastien: "Vous viendrez avec nous j'espère?"

Sébastien lui répond : "Oui évidemment, nous serons vos guides tout au long de votre séjour.

Ah! Très bien ça me rassure."

That same evening Sebastian and Mani announce that their time in Bangkok has come to an end and they must get ready to go to Phuket the following day to take advantage of the sea. Valentine, totally happy to have a chance to put on her bathing suit and her new beach wrap, asks Sebastian: "You will come with us, I hope?"

Sebastian replies, "Yes naturally, we are your guides throughout your stay."

"Ah, very good, that's reassuring."

Le lendemain, les Dubois sont attendus aux portes de leur hôtel par leurs guides qui viennent les chercher avec le même van. Mme Dubois demande: "Combien de temps durera le voyage, Mani ?

Toute une journée Madame. Nous y allons en van comme ça vous pourrez voir un peu du pays."

Le voyage commence et les paysages défilent. Ces vues merveilleuses depuis le van font oublier le long voyage aux Dubois qui apprécient le spectacle. Arrivée à Phuket, la famille est conduite dans un autre hôtel qui n'est pas partenaire de l'agence, ce qui supprime les privilèges et les réductions qu'il y avait à Bangkok. Mais le personnel de cet hôtel est bien plus accueillant que celui du précédent, qui vient accueillir ses touristes à la porte. La soirée se finit rapidement. Tout le monde pense plus à dormir qu'à autre chose.

The following day, the Dubois are met at their hotel door by their guides who have come looking for them with the same van. Mrs. Dubois asks: "How long will the journey take, Mani?"

"A whole day, Mrs. Dubois. We are going by van so that you can see a bit of the country."

The trip begins and the landscape rolls by. The marvelous views from the van make the Dubois forget the long voyage and they enjoy the views. Arriving in Phuket, the family is driven to a hotel that is not a partner of the travel agency, and so they don't have the privileges and reductions that they had in Bangkok. But the staff at this hotel are even more welcoming than the hotel before, and welcome them at the door. The evening finishes rapidly. More than anything else, everyone thinks only of going to sleep.

Le lendemain matin, la famille est surprise de voir que l'hôtel où ils sont logés possède un sauna et une piscine et est en plus situé tout près de la plage : ce qui laisse un choix énorme en matière de divertissements. La famille s'amuse énormément durant son séjour à Phuket, mais hélas, tout à une fin. Et après quelques jours les Dubois se dirigent vers l'aéroport pour repartir en France. Le cœur lourd mais riche en souvenirs, les Dubois disent au revoir à la Thaïlande.

The following morning, the family is surprised to see that the hotel where they are lodged has a sauna and a swimming pool, and what's more, is located right next to the beach, all of which leaves an enormous choice for entertainment. The family has a great time in Phuket, but sadly everything must end. And after several days the Dubois head to the airport to go back to France. With a heavy heart but one rich in memories, the Dubois family says goodbye to Thailand.

HISTOIRE 2/STORY 2:

UN NOUVEAU LYCÉE

Sa famille ayant **déménagée**, Robin n'a pas eu le choix et a dû changer de **lycée** à la **rentrée** pour un lycée plus **proche** de leur nouvelle maison, ce qui ne l'**enchantait** pas vraiment. Il **redoutait** beaucoup son premier jour dans ce tout nouveau lycée où il ne connaissait personne, premier jour qui n'**a pas tardé** pas à venir.

Déménagée (déménager) - *moved house (to move house)*

Lycée - *secondary school/high school*

Rentrée - *start of the school year*

Proche - *close/near/nearby*

Enchantait (enchanter) - *enchanted (to enchant)*

Redoutait (redouter) - *feared (to fear)*

A tardé (tarder) - *took a long time (to take a long time)*

Le matin de la rentrée, Robin **traîne** dans son lit, **voulant** à tout prix retarder ce moment qu'il redoute tant. Sa mère ne **cesse** de l'appeler pour qu'il **se dépêche** de **se préparer** pour venir prendre son petit déjeuner. **Tant bien que mal**, Robin **parvient** à s'habiller et arrive dans la cuisine en demandant à ses parents:

Traîne (traîner) - *dawdles/lags behind (to dawdle/to lag behind)*

Voulant à tout prix - *desperate to*

Cesse (cesser) - *ceases (to cease)*

Se dépêche (se dépêcher) - *hurries (to hurry)*

Se préparer - *to get ready*

Tant bien que mal - *somehow*

Parvient à - *manages to*

«C'est si **indispensable** que ça l'école?!" Son père lui répond en souriant: »

«Ne t'en fais pas ! Ça va très bien se passer. Et tu te feras plein de nouveaux copains. »

-Mais j'aurais voulu **rester** dans mon lycée.

-C'est impossible ! Nous avons un lycée dans notre nouveau **quartier**, et ton ancien lycée est trop loin. C'est plus **rassurant** de te savoir proche de la maison."

Indispensable - *essential*

Rester - *to stay*

Quartier - *district/neighborhood*

Rassurant - *reassuring*

Forcé d'accepter la situation, Robin **avale** rapidement son petit déjeuner et s'en va pour l'école.

Arrivé au lycée, Robin **se fait** vite **remarquer** par le surveillant, qui **s'approche** de lui et lui dit: "Que faites-vous ici? Je ne vous ai jamais vu dans notre lycée." Robin, tout surpris de **l'accueil**, lui répond rapidement:

"Bonjour ! Je m'appelle Robin Fournier. Je viens d'**être transféré**. J'arrive du Lycée Ronsard.

-Ah! Je vois. **Suivez**-moi."

> Avale (avaler) - *swallows (to swaillow)*
> Se fait remarquer (se faire remarquer) - *gets noticed (to get noticed)*
> S'approche (s'approcher) - *gets close (to get close)*
> L'accueil - *the welcome/thereception*
> Être transféré - *to be transferred*
> Suivez (suivre) - *follow (to follow)*

Robin est **conduit** par le surveillant dans les bureaux de l'administration où une dame plus souriante lui dit : « Bienvenue mon petit Robin! J'espère que tu **te plairas** chez nous. Un transfert **au beau milieu de** l'année ce n'est jamais facile. Mais **rassure-toi**, tout le monde sera gentil avec toi.

> Conduire - *to bring/to take somewhere*
> Te plairas (se plaire) - *enjoy yourself (to enjoy oneself)*
> Au beau milieu de - *right in the middle of*
> Rassure-toi - *don't worry*

-D'accord, merci Madame.

-Tu es dans la classe de Mademoiselle Martin. C'est ton **professeur principal**, elle t'**enseignera** la philosophie. Suis-moi. Je te conduis à ta **salle de classe**.

-D'accord, merci beaucoup. »

> Professeur principal - *homeroom teacher*
> Enseignera (enseigner) - *will teach (to teach)*
> Salle de classe - *classroom*

En chemin vers sa classe, Robin a l'occasion de **visiter** un peu **les lieux**: bibliothèque, cantine, club de science, club de musique,etc... Robin se dit qu'il y a plus d'**activités extra-scolaires** dans ce nouveau lycée.

En chemin - *on the road/on the way*
Visiter les lieux - *visit the premises*
Activités extra-scolaires - *extra-curricular activities*

Arrivée en face dela salle de classe, la dame **frappe** et ouvre la porte, **en s'adressant au** professeur qui faisait son cours:

Frappe (frapper) - *knocks (to knock)*
En s'adressant au (à) - *addressing*

"Excusez-moi ! Mlle. Martin. Je vous amène un tout nouvel élève. Il s'appelle Robin Fournier. Je vous le **confie**.

-Oui! Certainement. Bonjour Robin. **Installe-toi**, à coté de Sandrine **au fond**."

Tout intimidé, Robin va vite **prendre place** sans **prononcer le moindre mot**. Et le cours se **poursuit** normalement. À la fin de la leçon, Sandrine, la voisine de Robin, lui parle: "Salut ! Moi c'est Sandrine. Qu'est-ce qui t'amène dans notre lycée?

-Mes parents ont acheté une maison un peu plus loin. Ils ont pensé que ça serait mieux que je vienne ici.

-D'accord ! Et tu te plais **dans le coin**?

-Je viens d'arriver donc je n'ai pas d'**avis** trop précis pour le moment.

-Ok ! Le prochain cours ce sont les maths. **Méfie**-toi du prof, il aime faire passer les nouveaux au **tableau** sans crier gare."

Confie (confier) - *entrust (to entrust)*
Installe-toi (s'installer) - *sit (to sit)*
Au fond (de la classe) - *the back (of the class)*
Prendre place - *to take a seat*
Prononcer - *to pronounce/to utter/to say*
Le moindre mot (expression) - *any/a single word (expression)*
Poursuit (poursuivre) - *carries on with/continues*
(to carry on with/to continue)
Dans le coin - *in the neighborhood*
Avis - *opinion*
Méfie - *distrust*
Tableau - *board (blackboard)*

La discussion de Robin et de Sandrine est **interrompue** par l'arrivée du professeur de mathématiques, qui **remarque** immédiatement la présence de Robin à qu'il s'adresse aussitôt:"C'est vous le nouvel élève?" Robin **se lève** et répond: "Oui Monsieur, Je m'appelle Robin Fournier.

> Interrompue - *interrupted*
>
> Remarque (remarquer) - *notices (to notice)*
>
> Se lève (se lever) - *stands up (to stand up)*

Robin! Êtes-vous arrivés aux **équations du 3ème degré** avec ton ancien professeur?

Oui!

Parfait! Tu dois avoir ton **bouquin** avec toi, ouvre-le à la page 45, puis passe au tableau me faire l'exercice numéro 11."

> Équations du 3ème degré - *cubic equations*
>
> Bouquin - *book*

Le jeune garçon, tout **étonné** mais **très sûr de lui**, se presse d'aller au tableau et **en moins de temps qu'il ne faut pour le dire**, l'exercice est **résolu**. Le professeur, tout réjoui, dit: "Et bien ça nous change! Enfin! Nous avons quelqu'un de **doué** en maths dans cette classe, qui plus est très poli." Puis il s'adresse à Robin et lui demande: "As-tu une passion particulière pour les maths?

> Étonné - *surprised*
>
> Très sûr de lui - *very confident*
>
> En moins de temps qu'il ne faut pour le dire - *in no time*
>
> Résolu (résoudre) - *solved (to solve)*
>
> Doué - *gifted*

Oui Monsieur, c'est l'une de mes **matières** préférées.

Quelle **note** as-tu eue à ton dernier examen de maths ?

J'ai eu un 17/20.

Bravo! Tu es sûrement très **studieux** et très **attentif** en classe. Reprends ta place."

> Matières - *subjects*
>
> Note - *grade/mark*

Studieux - *studious*

Attentif - *attentive/paying close attention*

Robin s'exécute et une fois à sa place, sa camarade lui dit qu'il **s'est débrouillé comme un chef**. Elle lui demande s'il est possible qu'elle révise avec lui, car le prof leur impose une **interrogation surprise** par semaine. Robin accepte de **réviser** avec sa nouvelle amie et lui propose de commencer dès aujourd'hui.Les deux jeunes gens **se mettent d'accord** pour travailler chez Robin après l'école **le jour-même**.

S'est débrouillé comme un chef (se débrouiller comme un chef) - *managed splendidly (to manage splendidly)*

Réviser - *to revise/to review*

Interrogation surprise - *pop quiz*

Se mettent d'accord (se mettre d'accord) - *agree (to agree)*

Le jour-même - *the same day*

À la fin de la journée, les deux nouveaux amis, qui ont bien **fait connaissance**, sont ensemble à la maison des Fourniers. **Aussitôt** arrivés, Robin veut se mettre au travail, ce qui n'est pas le cas de Sandrine qui lui dit qu'elle veut **d'abord** visiter la maison, et qu'ils venaient **à peine de** sortir du lycée. Robin accepte mais lui fait promettre de se mettre au travail juste après la visite, il lui dit qu'il faut être organisé pour avoir de bonnes notes.

Fait connaissance (faire connaissance) - *gotten acquainted (to get acquainted)*

Aussitôt - *immediately*

D'abord - *first*

À peine de - *hardly*

La visite **terminée**, les parents de Robin **rentrent à la maison** et là, Madame Fournier lui dit: "Je vois que tu t'es vite intégré à ton nouveau lycée. Qui est cette jolie fille?

Elle s'appelle Sandrine. On est dans la même classe. On va travailler ensemble ce soir.

Très bien mon fils ! Bonjour Sandrine! Faites comme chez vous."

Terminée - *finished*

Rentrent à la maison (rentrer à la maison) - *come home (to come home)*

La jeune fille remercie Madame Fournier et les deux lycéens **se retirent** pour travailler dans la chambre de Robin. Ils sortent leurs **cahiers**, leurs **stylos** et leurs bouquins. Ils passent leur **soirée** avec les maths.

Se retirent (se retirer) - *withdraw themselves (to withdraw oneself)*
Cahiers - *notebooks*
Stylos - *pens*
Soirée - *evening*

Le lendemain, les deux amis **se revoient** au lycée. Sandrine **remercie** à nouveau Robin pour son aide et pour lui avoir tout **expliqué**. Robin lui dit qu'ils peuvent encore travailler ensemble quand elle le **souhaite**.

Se revoient (se revoir) - *see each other again (to see each other again)*
Remercie (remercier) - *thanks (to thank)*
Expliqué - *explained*
Souhaite (souhaiter) - *hopes/wishes (to hope/to wish)*

En classe, Robin **dévoile l'étendue** de son intelligence et de ses **connaissances**, si bien que certains **éléments rebelles** commencent à être **jaloux** de lui. Mais bon il ne risque rien, ils sont un peu **zélés** mais pas du tout dangereux.

Dévoile (dévoiler) - *reveals (to reveal)*
L'étendue - *the extent*
Connaissances - *knowledge*
Éléments rebelles - *rebellious "elements"*
(euphemism to say "bad students")
Jaloux - *jealous*
Zélés - *zealous*

Le tout dernier cours de l'après-midi s'avère être les mathématiques. Le prof entre et **surprend** toute la classe avec une interrogation surprise. Sandrine, toute **effrayée**, demande à Robin:

Surprend (surprendre) - *surprises (to surprise)*
Effrayée - *frightened*

"Tu penses que ça ira avec ce qu'on a étudié hier?

-Oui, le prof a dit que ça portera sur ce qu'on a vu hier en cours, **ça tombe bien**, c'est ce qu'on a vu chez moi."

Détendue, Sandrine prend ses **affaires** pour **l'interrogation**, le prof donne **les sujets** et l'interrogation commence. Une heure plus tard une autre élève s'occupe de **ramasser** les copies de ses camarades pour le prof.

Ça tombe bien - *that's a piece of luck*

Affaires - *stuff*

L'interrogation - *the quiz*

Les sujets - *the topics/the themes*

Ramasser - *to pick up*

"Je vais **corriger** tout ça ce soir et vous aurez vos **notes** demain matin!" dit le prof. Et la seconde journée de Robin dans son nouveau lycée s'achève.

Corriger - *to correct*

Notes - *marks/grades*

Le matin de sa troisième journée dans sa nouvelle école, Robin est très attendu en classe, tout le monde est impatient de connaître la note du petit nouveau. "Le prof de maths arrive!" dit un camarade à Robin. Une fois installé, le prof **se met à** appeler les élèves **un par un** pour leur donner leurs copies. "Sandrine Morel! Tu as beaucoup progressé. 13/20." La jeune fille **saute de joie** et court chercher **sa copie**.

Se met à (se mettre à) - *starts (to start)*

Un par un - *one by one*

Saute de joie - *jumps for joy*

Sa copie - *his/her paper*

En **revenant à sa place**, elle remercie Robin pour son aide. Quelques noms plus tard le prof arrive au dernier nom de la liste qui est celui de Robin étant nouveau: "Robin Fournier! 18,5/20! Vous avez la meilleure note!" Tout le monde est **en admiration** devant Robin, il remarque également que les trois **indisciplinés** de la classe le regardent d'**une drôle de façon**, mais **il n'y prête pas attention**.

Revenant à sa place - *back in her seat*

En admiration - *in admiration/in awe*

Indisciplinés - *Unruly*

Une drôle de façon - *a very funny way*

Il n'y prête pas attention. - *he does not pay attention/he ignores it*

Le reste de la journée se passe très bien pour Robin. Il se fait beaucoup de nouveaux amis, s'étant fait remarquer, tout le monde vient lui parler. Sandrine n'arrête pas de **faire les éloges de** Robin, et dit à tout le monde que c'est **grâce à** lui qu'elle **a obtenu** cette bonne note. Fabienne, Manon, Jaques, Julien, Samira, Amandine, Jean-Luc, Robin **ne sait plus où donner de la tête**. Il n'arrive pas à **retenir** tous les noms. La journée se termine par **une sortie** entre amis de la même classe, ils se décident à aller faire du karting en ville. "Cette sortie est l'occasion de **me changer les idées**." se dit Robin.

Le reste - *the rest*

Faire les éloges de - *to sing the praises of*

Grâce à - *thanks to*

A obtenue (obtenir) - *obtained (to obtain)*

Ne sait plus où donner de la tête - *does not know which way to turn*

Retenir - *to remember*

Une sortie - *an outing*

Me changer les idées - *to take my mind off things*

Au karting, tout le monde **s'amuse**. Mais Robin, qui n'est pas très **sportif**, ne **s'en sort** pas du tout. "Finalement, tu n'es pas doué pour tout. Robin." lui dit son nouvel ami Julien. Robin lui répond: "Ouais. Je ne suis pas très **manuel**." La soirée se termine bien et Robin rentre chez lui. Au coin d'**une ruelle** il aperçoit trois de ses autres camarades. "Ce sont les trois mauvais éléments de la classe." se dit Robin. Il **presse le pas** et les évite pour ne pas **faire d'histoires**. Mais après les **avoir dépassés** de quelques mètres, il les entend l'appeler: "Robin ! Robin ! Robin!." Robin se retourne. Les trois **acolytes** s'avancent vers lui, il les attend en **s'attendant au pire**. Et une conversation **démarre** entre lui et ses trois camarades.

S'amuse (s'amuser) - *is/are having fun (to have fun)*

Sportif - *athletic*

S'en sort (s'en sortir) - *manages very well/does well (to manage very well/to do well)*

Manuel - *practical*

Une ruelle - *a little street/an alley*

Presse le pas (presser le pas) - *hurries up/quickens his pace (to hurry up/to quicken one's pace)*	
Faire d'histoires - *to create drama/rumors*	
Avoir dépassés - *having gone past/having passed*	
Acolytes - *associates/friends*	
S'attendant au pire - *expecting the worst*	
Démarre (démarrer) - *starts (to start)*	

Il leur dit: "Oui?!

Salut Robin, tu ne nous **reconnais** pas?! On est dans la même classe.

Je vous ai reconnu. Mais je ne savais pas que c'était moi que vous attendiez.

Si. Bon, d'abord moi, c'est Bastien et voila Kamel et Corentin.

Enchanté les **mecs**. Vous avez besoin de quelque chose?

Ouais! Sandrine a dit que tu l'avais aidée à avoir sa bonne note. **On est dans de beaux draps**. On n'arrive pas à **s'en sortir** au lycée, on ne comprend pas les **explications** des profs. Le surveillant nous a déjà **pris** en train de **tricher**. On a déjà été **suspendu** et on risque un **renvoi définitif**. Dis Robin, tu ne veux pas faire comme avec Sandrine et nous aider à avoir de bonnes notes?"

Reconnais (reconnaître) - *recognize (to recognize)*	
Mecs - *guys*	
On est dans de beaux draps - *we are in a right mess*	
S'en sortir - *to manage well/to do well*	
Explications - *explanations*	
Pris - *caught*	
Tricher - *to cheat*	
Suspendu - *suspended*	
Renvoi définif - *expulsion*	

Robin, tout étonné, pense qu'il **a tout à gagner** en les aidant, non seulement il ne les aura pas contre lui, et en plus ils **s'amélioreront**. Il réfléchit quelques secondes et leur dit: "Bon ! Je veux bien vous aider. Mais **mettez- vous en tête** qu'il va falloir **vous y mettre** dès demain, et que ça ne sera pas facile.

> A tout à gagner (avoir tout à gagner) - *has everything to gain* *(to have everything to gain)*
>
> S'amélioreront (s'améliorer) - *will improve themselves* *(to improve oneself)*
>
> Mettez-vous en tête (se mettre en tête) - *get it into your heads* *(to get it into one's head)*
>
> Vous y mettre (se mettre) - *you start (to start)*

Merci! Merci infiniment!"

Quelques semaines **se sont écoulées** depuis l'arrivée de Robin dans son nouveau lycée, son arrivée a bénéficié **à bon nombre de** ses camarades qui ont **changé du tout au tout**. Les examens approchent et **profitant** d'une autorisation du surveillant qui leur accorde une salle après les cours, Robin donne un coup de main à ses camarades en difficulté et tout le monde fait de son mieux.

> Se sont écoulées (s'écouler) - *have passed (to pass)*
>
> À bon nombre de - *a large number of*
>
> Changé du tout au tout - *changed completely*
>
> Profitant de - *taking advantage of*

Le jour des examens est finalement arrivé. Robin, toujours **accolé** à Sandrine, se dirige vers la salle de cours. Tout le monde **s'acharne** à enlever le plus d'informations possible de leurs bouquins. Le professeur arrive et distribue les sujets d'examen. Le premier examen débute. Une semaine plus tard, les résultats sont affichés et **pratiquement** tout le monde a réussi. Robin **est remercié** par toute sa classe, le petit bonhomme est devenu **la coqueluche** du lycée. Lui qui redoutait tellement ce nouveau lycée, a complètement oublié **ses craintes** et il a pu s'y intégrer très rapidement.

> Accolé - *lumped together/conjoined to*
>
> S'acharne (s'acharner) - *desperately attempts to* *(to desperately attempt to)*
>
> Pratiquement - *almost*
>
> Est remercié (être remercié) - *is thanked (to be thanked)*
>
> La coqueluche - *the idol*
>
> Ses craintes - *his fears/his doubts*

VOCABULARY RECAP 2

Déménagée - (déménager) - *moved house - (to move house)*

Lycée - *secondary school/high school*

Rentrée - *start of the school year*

Proche - *close/near/nearby*

Enchantait (enchanter) - *enchanted - (to enchant)*

Redoutait (redouter) - *feared (to fear)*

A tardé (tarder) - *took along time (to take a long time)*

Traîne (traîner) - *dawdles/lags behind (to dawdle/to lag behind)*

Voulant à tout prix - *desperate to*

Cesse (cesser) - *ceases (to cease)*

Se dépêche (se dépêcher) - *hurries (to hurry)*

Se préparer - *to get ready*

Tant bien que mal - *somehow*

Parvient à - *manages to*

Indispensable - *essential*

Rester - *to stay*

Quartier - *district/neighborhood*

Rassurant - *reassuring*

Avale (avaler) - *swallows (to swallow)*

Se fait remarquer (se faire remarquer) - *gets noticed (to get noticed)*

S'approche (s'approcher) - *gets close (to get close)*

L'accueil - *the welcome/the reception*

Être transféré - *to be transferred*

Suivez (suivre) - *follow (to follow)*

Conduire - *to bring/to take somewhere*

Te plairas (se plaire) - *will enjoy yourself (to enjoy oneself)*

Au beau milieu de - *right in the middle of*

Rassure-toi - *don't worry*

Professeur principal - *homeroom teacher*

Enseignera (enseigner) - *will teach (to teach)*

Salle de classe - *classroom*

En chemin - *on the road/on the way*

Visiter les lieux - *visit the premises*

Activités extra-scolaires - *extra-curricular activities*

Frappe (frapper) - *(to knock)*

En s'adressant au (à) - *addressing*

Confie (confier) - *entrust (to entrust)*

Installe-toi (s'installer) - *sit (to sit)*

Au fond (de la classe) - *the back (of the class)*

Prendre place - *to take a seat*

Prononcer - *to pronounce/to utter/to say*

Le moindre mot (expression) - *any/a single word (expression)*

Poursuit (poursuivre) - *carries on with/continues (to carry on with/to continue)*

Dans le coin - *in the neighborhood*

Avis - *opinion*

Méfie - *distrust*

Tableau - *board (blackboard)*

Interrompue - *interrupted*

Remarque (remarquer) - *notices (to notice)*

Se lève (se lever) - *stands up (to stand up)*

Équations du 3ème degré - *cubic equations*

Bouquin - *book*

Étonné - *surprised*

Très sûr de lui - *very confident*

En moins de temps qu'il ne faut pour le dire - *in no time*

Résolu (résoudre) - *solved (to solve)*

Doué - *gifted*

Matières - *subjects*

Note - *grade/mark*

Studieux - *studious*

Attentive - *attentive/paying close attention*

Réviser - *to revise/to review*

Interrogation surprise - *pop quiz*

Se mettent d'accord (se mettre d'accord) - *agree (to agree)*

Le jour-même - *the very same day*

Fait connaissance (faire connaissance) - *gotten acquainted (to get acquainted)*

Aussitôt - *immediately*

D'abord - *first*

À peine de - *hardly*

Terminée - *finished*

Rentrent à la maison (rentrer à la maison) - *come home (to come home)*

Se retirent (se retirer) - *withdraw themselves (to withdraw oneself)*

Cahiers - *notebooks*

Stylos - *pens*

Soirée - *evening*

Se revoient (se revoir) - *see each other again (to see each other again)*

Remercie (remercier) - *thanks (to thank)*

Expliqué - *explained*

Souhaite (souhaiter) - *hopes/wishes (to hope/to wish)*

Dévoile (dévoiler) - *reveals (to reveal)*

L'étendue - *the extent*

Connaissances - *knowledge*

Éléments rebelles - *rebellious "elements" (euphemism to say "bad students")*

Jaloux - *jealous*

Zélés - *zealous*

Surprend (surprendre) - *surprises (to surprise)*

Effrayée - *frightened*

Ça tombe bien - *that's a piece of luck*

Affaires - *stuff*

L'interrogation - *the quiz*

Les sujets - *the topics/the themes*

Ramasser - *to pick up*

Corriger - *to correct*

Notes - *marks/grades*

Se met à (se mettre à) - *starts (to start)*

Un par un - *one by one*

Saute de joie - *jumps for joy*

Sa copie - *his/her paper*

Revenant à sa place - *back in her seat*

En admiration - *in admiration/in awe*

Indisciplinés - *unruly*

Une drôle de façon - *a very funny way*

Il n'y prête pas attention. - *he does not pay attention/he ignores it*

Le reste - *the rest*

Faire les éloges de - *to sing the praises of*

Grâce à - *thanks to*

A obtenue (obtenir) - *obtained (to obtain)*

Ne sait plus où donner de la tête - *does not know which way to turn*

Retenir - *to remember*

Une sortie - *an outing*

Me changer les idées - *to take my mind off things*

S'amuse (s'amuser) - *is/are having fun (to have fun)*

Sportif - *athletic*

S'en sort (s'en sortir) - *manages very well/does well (to manage very well/to do well)*

Manuel - *practical*

Une ruelle - *a little street/an alley*

Presse le pas (presser le pas) - *hurries up/quickens his pace (to hurry up/to quicken one's pace)*

Faire d'histoires (faire des histoires) - *create drama/rumors*

Avoir dépassés - *having gone past/having passed*

Acolytes - *associates/friends*

S'attendant au pire - *expecting the worst*

Démarre (démarrer) - *starts (to start)*

Reconnais (reconnaître) - *recognize (to recognize)*

On est dans de beaux draps - *we are in a right mess*

S'en sortir - *to manage well/to do well*

Explications - *explanations*

Pris - *caught*

Tricher - *to cheat*

Suspendu - *suspended*

Renvoi définif - *expulsion*

A tout à gagner (avoir tout à gagner) - *has everything to gain (to have everything to gain)*

S'amélioreront (s'améliorer) - *will improve themselves (to improve oneself)*

Mettez-vous en tête (se mettre en tête) - *get it into your heads (to get it into one's head)*

Vous y mettre (se mettre) - *you start (to start)*

Se sont écoulées (s'écouler) - *have passed (to pass)*

À bon nombre de - *a large number of*

Changé du tout au tout - *changed completely*

Profitant de - *taking advantage of*

Accolé - *lumped together/conjoined to*

S'acharne (s'acharner) - *desperately attempts to (to desperately attempt to)*

Pratiquement - *almost*

Est remercié (être remercié) - *is thanked (to be thanked)*

La coqueluche - *the idol*

Ses craintes - *his fears/his doubts*

PRACTICE YOUR WRITING

Write a short summary of this story.

Sample:

Après le déménagement de ses parents, Robin n'a pas le choix, il doit changer de lycée. Il **appréhende** beaucoup ce nouveau lycée. Robin **traîne des pieds**, mais il y va quand même.

> Appréhende (appréhender) - *dreads (to dread)*
>
> Traîne des pieds (trainer des pieds) - *dawdles (to dawdle)*

Arrivé au lycée, une dame de l'administration lui fait visiter l'école avant de le conduire à sa classe où elle le présente à son professeur et ses camarades.

Un petit moment plus tard la voisine de table de Robin, Sandrine, **l'aborde** et discute avec lui. Elle le met en garde contre le prof de mathématiques adepte d'interrogations surprises.

> L'aborde (aborder) - *approaches him (to approach)*

Tout juste arrivé, le prof de maths remarque Robin. Il lui pose des questions sur l'**avancement** des cours. Et il finit en lui demandant de passer au tableau pour résoudre un exercice. Robin **s'en sort** très bien. Son professeur et ses camarades sont tous étonnés. Il s'avère que les maths est l'une des matières préférées de Robin. Sandrine lui demande de l'aider à réviser, car Ils ne sont jamais à l'abri d'une interrogation surprise. Les nouveaux amis révisent ensemble chez Robin le soir même.

> Avancement - *progress*
>
> S'en sort (s'en sortir) - *manages very well/does well (to manage very well/to do well)*

Le jour suivant, Le prof de maths annonce une interrogation dès son entrée en classe. Les deux amis travaillent bien et à la fin de l'examen le prof leur dit que les résultats seront donnés le lendemain

A la **remise des résultats**. Sandrine obtient une bonne note et Robin obtient la meilleure note. La note de Robin le rend très populaire parmi ses camarades.

Le soir même, les nouveaux amis passent la soirée ensemble. À la fin de cette soirée, Robin est même interpelé par des rebelles de sa classe qui lui demandent son aide.

Remise des résultats - ***presentation of results***

Et ainsi, Robin qui redoutait beaucoup son lycée, s'y est parfaitement intégré et aide ses amis en difficulté à préparer leurs examens. Une semaine après les examens, les résultats sont affichés et pratiquement tout le monde a réussi. Robin devient très populaire.

TRANSLATION

Sa famille ayant déménagée, Robin n'a pas eu le choix et a dû changer de lycée à la rentrée pour un lycée plus proche de leur nouvelle maison, ce qui ne l'enchantait pas vraiment. Il redoutait beaucoup son premier jour dans ce tout nouveau lycée où il ne connaissait personne, premier jour qui n'a pas tardé pas à venir.

His family had moved and Robin had no choice but to change high school at the start of the school year for a school closer to their new house, which he wasn't really very happy about. He was dreading his first day at this brand new school where he knew no one, the first day which very soon arrived.

Le matin de la rentrée, Robin traîne dans son lit, voulant à tout prix retarder ce moment qu'il redoute tant. Sa mère ne cesse de l'appeler pour qu'il se dépêche de se préparer pour venir prendre son petit déjeuner. Tant bien que mal, Robin parvient à s'habiller et arrive dans la cuisine en demandant à ses parents:

On the first day of school, Robin dawdles in bed, desperate to delay the moment he's dreading so much. His mother keeps calling him to hurry up getting ready and come eat his breakfast. Somehow Robin manages to get dressed and enters the kitchen while asking his parents:

"C'est si indispensable que ça l'école?!"
Son père lui répond en souriant:
"Ne t'en fais pas ! Ça va très bien se passer. Et tu te feras plein de nouveaux copains.
-Mais j'aurais voulu rester dans mon lycée.
-C'est impossible ! Nous avons un lycée dans notre nouveau quartier, et ton ancien lycée est trop loin. C'est plus rassurant de te savoir proche de la maison."

"Is it really so vital to go to school?"
Smiling, his father answers him :
"Don't fret ! It's going to be fine. And you will make a lot of new friends."
-But I would rather have stayed at my old school.

-That's impossible ! We have a high school in our new neighborhood and your former school is too far. It's more reassuring to know you're close to the house.

Forcé d'accepter la situation, Robin avale rapidement son petit déjeuner et s'en va pour l'école.

Arrivé au lycée, Robin se fait vite remarquer par le surveillant, qui s'approche de lui et lui dit: "Que faites-vous ici? Je ne vous ai jamais vu dans notre lycée." Robin, tout surpris de l'accueil, lui répond rapidement:

"Bonjour ! Je m'appelle Robin Fournier. Je viens d'être transféré. J'arrive du Lycée Ronsard.

-Ah! Je vois. Suivez-moi."

Forced to accept the situation, Robin quickly swallows his breakfast and sets off for school.

Once at school, Robin soon gets himself noticed by a supervisor who approaches him and says, "What are you doing here ? I've never seen you at our school before." Robin, surprised by the welcome, quickly answers him:

"Hello ! My name is Robin Fournier. I was just transferred. I come from the Ronsard School."

-Ah, I see, follow me.

Robin est conduit par le surveillant dans les bureaux de l'administration où une dame plus souriante lui dit : « Bienvenue mon petit Robin! J'espère que tu te plairas chez nous. Un transfert au beau milieu de l'année ce n'est jamais facile. Mais rassure-toi, tout le monde sera gentil avec toi.

Robin is brought by the supervisor to the administration office where a woman who is more smiley says : "Welcome my dear Robin ! I hope you will be happy here. A transfer in the middle of the year is never easy. But don't worry, everyone will be very nice."

-D'accord, merci Madame.

-Tu es dans la classe de Mademoiselle Martin. C'est ton professeur principal, elle t'enseignera la philosophie. Suis-moi. Je te conduis à ta salle de classe.

-D'accord, merci beaucoup.

-Yes, thank you ma'am.

-You are in Miss Martin's class. She is your tutor, and she will teach you philosophy. Follow me. I'll take you to the classroom.

-OK, thank you very much.

En chemin vers sa classe, Robin a l'occasion de visiter un peu les lieux: bibliothèque, cantine, club de science, club de musique, etc... Robin se dit qu'il y a plus d'activités extra-scolaires dans ce nouveau lycée.

On the way to class, Robin has the opportunity to see something of the premises: the library, the canteen, the science club, the music club, etc. Robin thinks to himself that there are more extracurricular activities in this new school.

Arrivée en face de la salle de classe, la dame frappe et ouvre la porte, en s'adressant au professeur qui faisait son cours:

Arriving at the classroom, the woman knocks and opens the door, and addresses the teacher who is teaching the lesson:

"Excusez-moi ! Mlle. Martin. Je vous amène un tout nouvel élève. Il s'appelle Robin Fournier. Je vous le confie.

-Oui! Certainement. Bonjour Robin. Installe-toi, à coté de Sandrine au fond."

Tout intimidé, Robin va vite prendre place sans prononcer le moindre mot. Et le cours se poursuit normalement. À la fin de la leçon, Sandrine, la voisine de Robin, lui parle: "Salut ! Moi c'est Sandrine. Qu'est-ce qui t'amène dans notre lycée?

-Mes parents ont acheté une maison un peu plus loin. Ils ont pensé que ça serait mieux que je vienne ici.

-D'accord ! Et tu te plais dans le coin?

-Je viens d'arriver donc je n'ai pas d'avis trop précis pour le moment.

"Ok ! Le prochain cours ce sont les maths. Méfie-toi du prof, il aime faire passer les nouveaux au tableau sans crier gare."

Excuse me Miss Martin. I am bringing you a new student. His name is Robin Fournier. I'm leaving him with you.

-Yes certainly. Have a seat Robin beside Sandrine at the back.

Feeling intimidated, Robin takes a seat quickly without saying a single word, and the lesson continues as normal. At the end of the lesson, his neighbor Sandrine says to him, "Hello! I'm Sandrine. What brings you to our school?"

-My parents bought a house a little further away. They thought it would be better if I come here.

-OK. And do you like the neighborhood ?

-I've only just arrived, so I don't have much of an opinion yet.

-Okay. The next class is math. Don't trust the teacher. He likes to make new pupils go up to the board without warning.

La discussion de Robin et de Sandrine est interrompue par l'arrivée du professeur de mathématiques, qui remarque immédiatement la présence de Robin à qui il s'adresse aussitôt:"C'est vous le nouvel élève?" Robin se lève et répond: «Oui Monsieur, Je m'appelle Robin Fournier. »

Robin and Sandrine's discussion is interrupted by the arrival of the math teacher, who immediately notices Robin's presence and he quickly addresses him : "Are you the new student ?" Robin stands up and responds : "Yes sir, my name is Robin Fournier."

Robin! Êtes-vous arrivés aux équations du 3ème degré avec ton ancien professeur?

Oui!

Parfait! Tu dois avoir ton bouquin avec toi, ouvre-le à la page 45, puis passe au tableau me faire l'exercice numéro 11."

-Robin, did you learn about cubic equations with your former teacher ?

-Yes !

-Perfect ! You should have your book with you, open it at page 45, then go to the board and do Exercise 11 for me.

Le jeune garçon, tout étonné mais très sûr de lui, se presse d'aller au tableau et en moins de temps qu'il ne faut pour le dire, l'exercice est résolu. Le professeur, tout réjoui, dit: "Et bien ça nous change! Enfin! Nous avons quelqu'un de doué en maths dans cette classe, qui plus est très poli." Puis il s'adresse à Robin et lui demande: "As-tu une passion particulière pour les maths?

The young man, completely surprised but very confident, hurries to the board and in no time at all, he complete the exercise. The teacher, very pleased, says "And so this changes things! Finally! We have someone talented in math in this class, who even more is polite." Then, he turns to Robin and asks, "Do you have a particular passion for mathematics ?"

-Oui Monsieur, c'est l'une de mes matières préférées.

-Quelle note as-tu eue à ton dernier examen de maths ?

J'ai eu un 17/20.

Bravo! Tu es sûrement très studieux et très attentif en classe. Reprends ta place."

-Yes sir, it's one of my favorite subjects.

-What grade did you get on your last math exam?

-I had a 17 out of 20.

-Bravo! You are certainly very studious and concentrate well in class. Go back to your seat.

Robin s'exécute et une fois à sa place, sa camarade lui dit qu'il s'est débrouillé comme un chef. Elle lui demande s'il est possible qu'elle révise avec lui, car le prof leur impose une interrogation surprise par semaine. Robin accepte de réviser avec sa nouvelle amie et lui propose de commencer dès aujourd'hui. Les deux jeunes gens se mettent d'accord pour travailler chez Robin après l'école le jour-même.

Robin complies and once at his seat, his classmate tells him he managed spendidly. She asks him if it's possible for her to revise with him, because each week the teacher gives them a surprise test. Robin agrees to revise with his new friend and proposes that they begin as soon as today. The two agree to work at Robin's house after school that same day.

À la fin de la journée, les deux nouveaux amis, qui ont bien fait connaissance, sont ensemble à la maison des Fourniers. Aussitôt arrivés, Robin veut se mettre au travail, ce qui n'est pas le cas de Sandrine qui lui dit qu'elle veut d'abord visiter la maison, et qu'ils venaient à peine de sortir du lycée. Robin accepte mais lui fait promettre de se mettre au travail juste après la visite, il lui dit qu'il faut être organisé pour avoir de bonnes notes.

At the end of the day, the two new friends, who have become well acquainted, are together at the Fournier's house. As soon as they arrive, Robin wants to get right to work, which isn't the case for Sandrine who says she wants first to tour the house and that they've only just left the school. Robin accepts but makes her promise to get to work right after the visit, he tells her you have to be organized to get good grades.

La visite terminée, les parents de Robin rentrent à la maison et là, Madame Fournier lui dit: "Je vois que tu t'es vite intégré à ton nouveau lycée. Qui est cette jolie fille?

Elle s'appelle Sandrine. On est dans la même classe. On va travailler ensemble ce soir.

Très bien mon fils ! Bonjour Sandrine! Faites comme chez vous."

The tour over, Robin's parents come back home and so Mrs. Fourner says to him : " I see you have integrated quickly at your new school. Who is this pretty girl ?"

Her name is Sandrine. We are in the same class. We're going to work together tonight.

Very good son! Hello Sandrine! Make yourself at home.

La jeune fille remercie Madame Fournier et les deux lycéens se retirent pour travailler dans la chambre de Robin. Ils sortent leurs cahiers, leurs stylos et leurs bouquins. Ils passent leur soirée avec les maths.

The young girl thanks Mrs. Fournier and the two students withdraw to work in Robin's room. They get out their notebooks, their pens and their textbooks. They spend their evening doing math.

Le lendemain, les deux amis se revoient au lycée. Sandrine remercie à nouveau Robin pour son aide et pour lui avoir tout expliqué. Robin lui dit qu'ils peuvent encore travailler ensemble quand elle le souhaite.

The following day, the two friends see each other again at school. Sandrine thanks Robin again for his help and for having explained everything. Robin tells her that they can work together again whenever she wishes

En classe, Robin dévoile l'étendue de son intelligence et de ses connaissances, si bien que certains éléments rebelles commencent à être jaloux de lui. Mais bon il ne risque rien, ils sont un peu zélés mais pas du tout dangereux.

In class, Robin reveals the extent of his intelligence and his knowledge, so well that certain rebellious individuals start being jealous of him. But he's not at risk, they are a bit zealous but not at all dangerous.

Le tout dernier cours de l'après-midi s'avère être les mathématiques. Le prof entre et surprend toute la classe avec une interrogation surprise. Sandrine, toute effrayée, demande à Robin:

The very last lesson of the afternoon turned out to be math. The teacher comes in and surprises the class with a surprise test. Sandrine, feeling frightened, asks Robin :

"Tu penses que ça ira avec ce qu'on a étudié hier?

-Oui, le prof a dit que ça portera sur ce qu'on a vu hier en cours, ça tombe bien, c'est ce qu'on a vu chez moi."

Détendue, Sandrine prend ses affaires pour l'interrogation, le prof donne les sujets et l'interrogation commence. Une heure plus tard une autre élève s'occupe de ramasser les copies de ses camarades pour le prof.

"Do you think this will be on what we studied yesterday?"

-Yes, the teacher said this will cover what we learned in class yesterday so it's fine, it's what we looked at at my house.

Relaxed, Sandrine gathers her things for the test, the teacher gives the topics, and the test begins. An hour later, another student is tasked with collecting the students' copies for the teacher.

"Je vais corriger tout ça ce soir et vous aurez vos notes demain matin!" dit le prof. Et la seconde journée de Robin dans son nouveau lycée s'achève.

"I am going to mark all this tonight and you will have your grades tomorrow morning !" says the teacher. And Robin's second day at his new school is complete.

Le matin de sa troisième journée dans sa nouvelle école, Robin est très attendu en classe, tout le monde est impatient de connaître la note du petit nouveau. "Le prof de maths arrive!" dit un camarade à Robin. Une fois installé, le prof se met à appeler les élèves un par un pour leur donner leurs copies. "Sandrine Morel! Tu as beaucoup progressé. 13/20." La jeune fille saute de joie et court chercher sa copie.

On the morning of his third day at his new school, Robin is very eager in class, everyone is impatient to know the new pupil's grade. "Here's the math teacher!" says a classmate to Robin. Once settled, the teacher begins to call each student one by one to give them their papers. "Sandrine Morel ! You have really progressed. 13/20." The young girl jumps for joy and runs to collect her paper.

En revenant à sa place, elle remercie Robin pour son aide. Quelques noms plus tard le prof arrive au dernier nom de la liste qui est celui de Robin étant nouveau: "Robin Fournier! 18,5/20! Vous avez la meilleure note!" Tout le monde est en admiration devant Robin, il remarque également que les trois indisciplinés de la classe le regardent d'une drôle de façon, mais il n'y prête pas attention.

Back in her seat, she thanks Robin for his help. Some names later the teacher arrives at the last name on the list which is Robin's, being new : "Robin Fournier ! 18.5/20 ! You have the top grade !" Everyone is in awe of Robin, he notices too that the three unruly ones in the class are looking at him strangely, but he doesn't pay them any attention.

Le reste de la journée se passe très bien pour Robin. Il se fait beaucoup de nouveaux amis, s'étant fait remarquer, tout le monde vient lui parler. Sandrine n'arrête pas de faire les éloges de Robin, et dit à tout le monde que c'est grâce à lui qu'elle a obtenu cette bonne note. Fabienne, Manon, Jaques, Julien, Samira, Amandine, Jean-Luc, Robin ne sait plus où donner de la tête. Il n'arrive pas à retenir tous les noms. La journée se termine par une sortie entre amis de la même classe, ils se décident à aller faire du karting en ville. "Cette sortie est l'occasion de me changer les idées." se dit Robin.

The rest of the day goes very well for Robin. He makes many new friends, and notices that everyone wants to talk to him. Sandrine can't stop praising Robin and tells everyone that it is thanks to him that she obtained such a good grade. Fabienne, Manon, Jaques, Julien, Samira, Amandine, Jean-Luc, Robin doesn't know which way to turn. He can't remember all their names. The day ends with some friends from the class going out together, and they decide to go karting in the city. "This outing is a chance for me to change my mind about things," Robin tells himself.

Au karting, tout le monde s'amuse. Mais Robin, qui n'est pas très sportif, ne s'en sort pas du tout. "Finalement, tu n'es pas doué pour tout. Robin."lui dit son nouvel ami Julien. Robin lui répond: "Ouais. Je ne suis pas très manuel." La soirée se termine bien et Robin rentre chez lui. Au coin d'une ruelle il aperçoit trois de ses autres camarades. "Ce sont les trois mauvais éléments de la classe." se dit Robin. Il presse le pas et les évite pour ne pas faire d'histoires. Mais après les avoir dépassés de quelques mètres, il les entend l'appeler: "Robin ! Robin ! Robin!." Robin se retourne. Les trois acolytes

s'avancent vers lui, il les attend en s'attendant au pire. Et une conversation démarre entre lui et ses trois camarades.

At karting, everyone has fun. But Robin, who is not very sporty, doesn't get on very well. "Finally, you are not gifted at everything then Robin," says his new friend Julian. Robin tells him : "Yeah, I am not very practical." The evening ends well and Robin returns home. At the corner of the street he sees three of his other classmates. "Those are the three bad seeds of the class," Robin says to himself. He speeds up and avoids them so as to avoid any trouble. But once h'd gone a few metres past them, he hears them calling him: "Robin ! Robin ! Robin !" Robin turns around. The three associates move toward him, he waits, expecting the worst. And a conversation starts among him and his three classmates.

Il leur dit: "Oui?!

Salut Robin, tu ne nous reconnais pas?! On est dans la même classe.

Je vous ai reconnu. Mais je ne savais pas que c'était moi que vous attendiez.

Si. Bon, d'abord moi, c'est Bastien et voila Kamel et Corentin.

Enchanté les mecs. Vous avez besoin de quelque chose?

Ouais! Sandrine a dit que tu l'avais aidée à avoir sa bonne note. On est dans de beaux draps. On n'arrive pas à s'en sortir au lycée, on ne comprend pas les explications des profs. Le surveillant nous a déjà pris en train de tricher. On a déjà été suspendu et on risque un renvoi définitif. Dis Robin, tu ne veux pas faire comme avec Sandrine et nous aider à avoir de bonnes notes?"

He says to them, "Yes ?"

"Hello Robin, don't you recognize us? We're in the same class."

"I recognized you. I only didn't know you were waiting for me."

"Yes, good. First me, I'm Bastien. And here's Kamel and Corentin."

"Nice to meet you, guys. Do you need something ?"

"Oh yes ! Sandrine said that you helped her get her good grade. We are in a bit of a mess. We just can't do well in school, we don't understand the teachers' explanations. The supervisor has already caught us cheating. We have already been suspended and we risk being expelled. So, Robin, can you help us to get good grades, like you did with Sandrine?"

Robin, tout étonné, pense qu'il a tout à gagner en les aidant, non seulement il ne les aura pas contre lui, et en plus ils s'amélioreront. Il réfléchit quelques

secondes et leur dit: "Bon ! Je veux bien vous aider. Mais mettez- vous en tête qu'il va falloir vous y mettre dès demain, et que ça ne sera pas facile.

Robin, completely surprised, believes he has everything to gain by helping them, not only because they won't be against him but also because they'll do better. He reflects for a couple seconds and tells them : "OK! I would like to help you. But understand that you must start straightaway tomorrow, and it won't be easy."

Merci! Merci infiniment!"

Quelques semaines se sont écoulées depuis l'arrivée de Robin dans son nouveau lycée, son arrivée a bénéficié à bon nombre de ses camarades qui ont changé du tout au tout. Les examens approchent et profitant d'une autorisation du surveillant qui leur accorde une salle après les cours, Robin donne un coup de main à ses camarades en difficulté et tout le monde fait de son mieux.

"Thank you ! Thank you so much!"

Some weeks have passed by since Robin's arrived at his new school, and his arrival has benefitted a large number of his classmates who have changed completely. Exam time approaches and taking advantage of the supervisor's permission, they are allowed to use a room after class. Robin helps his classmates who are having difficulty, and everyone does his best.

Le jour des examens est finalement arrivé. Robin, toujours accolé à Sandrine, se dirige vers la salle de cours. Tout le monde s'acharne à enlever le plus d'informations possible de leurs bouquins. Le professeur arrive et distribue les sujets d'examen. Le premier examen débute. Une semaine plus tard, les résultats sont affichés et pratiquement tout le monde a réussi. Robin est remercié par toute sa classe, le petit bonhomme est devenu la coqueluche du lycée. Lui qui redoutait tellement ce nouveau lycée, a complètement oublié ses craintes et il a pu s'y intégrer très rapidement.

Exam day finally arrives. Robin, always at Sandrine's side, heads toward the classroom. Everone is desperate to absorb as much information as they can from their books. The teacher arrives and distributes the exam books. The first exam begins. One week later, the results are put up and practically everyone has passed. Robin is thanked by the whole class, the young man has become the idol of the school. He who was so nervous about this new school has completely forgotten his fears and was able to integrate very quickly.

HISTOIRE 3/STORY 3:

CUISINER POUR LE PIQUE-NIQUE

La famille Leclerc organise chaque année sa grande **réunion de famille**. Comme chaque année, la réunion se fait chez les grands-parents. Mais cette année, la réunion ne fait pas **plaisir** à tout le monde. Laura, petite fille des Leclerc, **n'a pas très envie** d'y participer.

Réunion de famille - *family reunion*	
Plaisir - *pleasure/enjoyment*	
N'a pas très envie - *does not really want*	

En effet, cette année, les grands parents organisent un pique-nique. Et qui dit pique-nique, dit chacun cuisine et apporte à manger avec lui. Laura, qui n'aime pas cuisiner, **ne sait pas comment faire** pour **se sauver de cette situation**. Elle ne peut pas **faire appel** à un **traiteur**. Sa **grand-mère** est une trop bonne **cuisinière**, elle va savoir que ce n'est pas **fait maison**.

Ne sait pas comment faire - *doesn't know what to do*

Se sauver de cette situation - *to escape this situation*

Faire appel - *to request*

Traiteur - *caterer*

Grand-mère - *grandmother*

Cuisinière - *cook*

Fait maison - *home-made*

Même si Laura est trop mauvaise cuisinière, et qu'elle **est habituée** à **se nourrir uniquement** de **surgelés**, elle ne souhaite pas **rater l'occasion** de revoir toute sa famille. Elle **réfléchit** beaucoup mais ne trouve pas de solution.

Est habitué (e)à (être habitué (e)) - *is used to (to be used to)*

Se nourrir - *to feed/to eat*

Uniquement - *only*

Surgelés - *frozen food*

Rater l'occasion - *to miss the opportunity*

Réfléchit (réflechir) - *is thinking (to think)*

La seule option est d'essayer quelques traiteurs, et de choisir **le meilleur**. **Profitant** de la pause, elle demande à une de ses collègues:

Le meilleur - *the best*

Profitant - *taking advantage of*

"Véronique! Dites-moi. Vous ne connaissez pas un traiteur dont la cuisine semble faite maison?

-Non. **De nos jours** les traiteurs travaillent comme à l'**usine**. Ce n'est pas bon **du tout**. Pourquoi cherchez-vous un traiteur?"

De nos jours - *these days*

Usine - *factory*

Du tout. - *at all*

Laura raconte alors son histoire à sa collègue. Véronique **se met à rire** et dit à Laura :

"**Si ce n'est que ça**. Je vais vous aider.

M'aider?! Non je ne peux pas accepter. Mais c'est gentil de votre part de proposer de cuisiner pour moi.

Cuisiner pour vous?! Je n'ai pas dit ça. Je vais vous apprendre à cuisiner.

M'apprendre à cuisiner?! J'ai déjà essayé d'apprendre. Mais je ne **retiens** pas ce qu'on me montre. À chaque fois que j'essaye de reproduire ce que j'ai vu, ça **brûle**.

Justement je ne vais pas le faire **moi-même**. C'est vous qui allez cuisiner. Moi, je vais juste vous apprendre. Faites-moi confiance.

D'accord.

C'est pour quand votre réunion de famille?

Dimanche prochain.

Parfait ! Je viendrai chez vous samedi après-midi. Demain nous allons discuter de la préparation du pique-nique. D'accord?

Oui. Merci beaucoup Véronique."

Se met à rire (se mettre à rire) - *starts laughing (to start laughing)*

Si ce n'est que ça - *if that's all*

M'apprendre - *to teach me*

Retiens (retenir) - *remember (to remember)*

Brûle (brûler) - *burns (to burn)*

Moi-même - *myself*

En fin de journée, Laura appelle sa mère pour lui demander ce qu'elle doit cuisiner pour le pique-nique: "Allô! Maman?

Oui. Salut **mon cœur**. Ça va?

Oui ça va. Papa et toi vous allez bien?

Nous allons bien, merci ma fille.

Maman. Dis-moi. Qu'est-ce que je dois préparer pour le pique-nique de samedi?

Depuis quand tu cuisines toi?

Depuis aujourd'hui. J'ai une surprise et pas de traiteur! Cette fois, c'est moi qui fais tout.

D'accord. Et bien **mamie** a dit qu'elle **s'occupait du** dessert et **le reste** est pour nous.

Ok! Merci Maman. **Embrasse papa de ma part**. À plus."

> Mon cœur - *my dear/my sweety*
>
> Mamie - *grandma*
>
> S'occupait du (s'occuper) - *would take care of (to take care of)*
>
> Le reste - *the rest (remaining part)*
>
> Embrasse papa de ma part - *kiss Dad for me*

À peine a-t-elle **raccroché** avec sa mère que Laura appelle Véronique pour lui apprendre les détails qu'elle vient de recevoir de sa mère. Véronique dit à Laura de **compter sur** elle et qu'elles vont en discuter le lendemain.

> À peine - *as soon as/no sooner*
>
> A Raccroché (raccrocher) - *hung up (to hang up)*
>
> Compter sur - *to count on*

Le lendemain Véronique et Laura **se revoient** au travail:

"Bonjour Laura ! Ça va aujourd'hui?

Ça va merci. Et vous?

Je vais bien aussi. Je vous ai apporté quelques **recettes** idéales pour un pique-nique. Nous les verrons à la pause.

Merci Véronique. A tout à l'heure."

> Se revoient (se revoir) - *see each other again (to see each other again)*
>
> Recettes - *recipes*

Après une bonne matinée de travail, les deux collègues se retrouvent pour déjeuner. Et là, Véronique montre des recettes idéales pour un pique-nique:

"Pour un pique-nique, le plus populaire reste le sandwich. Mais il vous faut innover. Que pensez-vous d'un **cake salé**?

Oui. **Ça m'a l'air parfait**. C'est aussi **pratique** pour manger.

D'accord. Vous le voulez à quoi votre cake?

J'aime bien **le thon**.

Ok! Donc un cake au thon. Vous pensez quoi d'une salade en plus du cake?

Oui. Des petits plats pratiques.

Vous avez une salade préférée?

Non pas vraiment. Mon grand-père aime beaucoup le **poisson**.

D'accord, alors une salade niçoise fera l'affaire.

Super ! Je vais les **impressionner** avec ça.

Je vous prépare **une liste de courses** pour tout ça. Vous les ferez samedi matin.

Merci Véronique."

Cake salé - *savory cake/loaf*	
Ça m'a l'air parfait - *it looks perfect to me*	
Pratique - *practical*	
Le thon. - *tuna*	
Poisson - *fish*	
Impressionner - *to impress*	
Une liste de courses - *shopping list*	

Samedi est vite arrivé. Laura se lève rapidement. Elle se prépare en quelques minutes et elle part faire les courses pour **le repas** du **lendemain**. Véronique arrivera vers 14h30. Ça laisse du temps à Laura pour faire ses courses.

Le repas - *the meal*	
Lendemain - *the next day*	

Laura n'**est** pas très **habituée** aux **produits frais**. Elle ne connaît que le rayon des surgelés du supermarché. Elle a du mal à trouver les autres rayons. Mais elle arrive **tant bien que mal** à finir ses courses. En rentrant, elle souhaite déjeuner au restaurant. Elle part au restaurant du quartier. Elle y commande le **menu du jour**, qu'elle finit très rapidement. Véronique ne va pas tarder à arriver chez Laura.

Est habitué (e) à (être habitué (e)) - *is used to (to be used to)*	
Produits frais - *fresh products*	
Tant bien que mal - *somehow*	
Menu du jour - *today's special*	

À peine arrivée chez elle, Laura pose ses courses sur la table de la cuisine. Au même moment, quelqu'un sonne à la porte. Elle **se dépêche** d'ouvrir. C'est Véronique:

"Salut Véronique! Entrez.

Bonjour Laura. Vous avez un bel appartement et une **magnifique** cuisine.

Oui mais elle ne sert pas beaucoup.

Je vois ça. Vos **ustensiles** sont encore tout neufs. Vous avez fait les courses.

Oui. Elles sont sur la table.

Ok ! On commence tout de suite?

Non , pas tout de suite. Vous boirez bien quelque chose?

Oui. Je veux bien un petit café.

Tout de suite."

> Se dépêche (se depêcher) - *hurries (to hurry)*
> Magnifique - *wonderful/magnificent*
> Ustensiles - *utensils*

Une fois le café terminé, Véronique et Laura vont à la cuisine. Elles mettent des **tabliers**. Puis Véronique **déballe les courses**. Tout y est. C'est bon. Elle dit à Laura:

"**Tenez**, **lavez les légumes**." Laura lave les légumes pendant que Véronique finit de préparer le reste des aliments.

> Tabliers - *aprons*
> Déballe (déballer) - *unpacks (to unpack)*
> Les courses - *groceries*
> Tenez - *take this*
> Lavez (laver) - *wash (to wash)*
> Les légumes - *the vegetables*

Véronique dit que le cake prend plus de temps **à réaliser** et qu'il faut donc l'**attaquer** le premier.

> À réaliser - *to make/to prepare (the cake/loaf)*
> Attaquer - *to start/tackle a task*

"Alors, pour le cake il nous faut de la **farine**, de la **levure**, du thon, des olives, du **gruyère râpé**, du lait, des œufs, **un tout petit peu** d'huile, du poivre et du sel **bien entendu**.

-Quelles quantités?

-200 grammes de thon, 100 grammes de farine, la même quantité de fromage, 50 grammes d'olives, 3 œufs, un demi-sachet de levure, 10 centilitres d'huile et 10 cl de lait. Prenez tous les ingrédients sauf le thon, les olives et le fromage. **Mélangez**- les.

D'accord. Jusque-là c'est **facile**.

Très bien. Allez-y. Mélangez bien le tout. Maintenant ajoutez les olives, le gruyère et le thon.

Ok !

À présent. Il nous faut un moule. Où sont les vôtres ?

Là-haut dans le placard.

D'accord. **Huilez** un peu **l'intérieur** du **moule**. **Versez**-y la **pâte** dans le moule. Mettez dans le **four** à 180°C et **laissez**-le cuire 40 à 45 minutes. Vous voyez que ce n'est pas difficile de cuisiner ?

Oui. Quand on est **encadré**. C'est plus simple.

Farine -	*flour*
Levure -	*yeast*
Gruyère rapé -	*grated (Swiss) cheese*
Un tout petit peu -	*a little bit*
Bien entendu -	*of course*
Mélangez (mélanger) -	*mix/stir (to mix/to stir)*
Facile -	*easy*
Huilez (huiler) -	*grease (to lubricate)*
L'intérieur -	*the inside*
Moule -	*baking pan/mold*
Versez (verser) -	*pour (to pour)*
Pâte -	*dough*
Four -	*oven*
Laissez-le cuire -	*let it cook*
Encadré -	*supervised/lead*

Pendant que Véronique et Laura préparent les ingrédients pour la salade niçoise, le cake cuit tout **doucement** dans le four.:

Doucement - *gently/slowly*

"Pour une salade, il nous faut du poisson. J'ai vu que vous avez bien fait les courses. Il y a du thon et des **anchois**.

Oui. Nous aimons beaucoup cette salade dans notre famille.

Vous avez bon goût dans votre famille.

Merci.

Pour commencer cette salade, mettez les œufs à bouillir. Et en attendant qu'ils cuisent, vous **découperez** les autres ingrédients.

Ok! Chef.

Comme c'est pour un pique-nique. C'est plus pratique de tout *découper* **en petits morceaux**. Vous avez déjà lavé les légumes. Apportez-les.

-Les voilà.

Découpez les poivrons, les oignons et les tomates en petits dés. **Émiettez** le thon et coupez **la laitue** en très **fines lanières**.

D'accord.

Maintenant les œufs doivent être cuits. **Enlevez-les** du **feu**, **épluchez**-les et **découpez-les** en **rondelles**. Pour les anchois. J'ai vu que vous en avez achetés beaucoup. Coupez-les en deux simplement.Ça fera joli.

Oui. Cette salade est riche en couleur.

Prenez un grand saladier. Mettez-y tous les ingrédients avec les olives noires, mais pas encore les œufs. À votre avis il ne **manque** pas quelque chose à notre salade?

Non. Elle est déjà bien pleine. Je ne vois pas ce qu'il pourrait manquer.

Mais si, il manque quelque chose ! Il manque la sauce.

Ah ! Oui ! Je l'ai oubliée.

Pour faire la sauce de la salade niçoise il nous faut de l'huile d'olives. Je vous en ai apporté.

Merci Véronique. C'est très gentil de votre part.

Je vous en prie. Versez un peu d'huile dans un **bol**. Ajoutez-y du **vinaigre**, du sel, du poivre et de la moutarde. **Mélangez-le tout**. Et voilà, votre sauce est prête.

Ajoutez-là à votre salade. Mélangez encore un peu. Mettez les œufs en rondelles sur le haut. Et voilà c'est prêt."

Anchois - *anchovy*	
Découperez (découper) - *cut out (to cut out)*	
En petits morceaux. - *into small pieces*	
Découperez en petit morceaux (découper en petits morceaux) - *chop (to chop)*	
Émiettez (émietter) - *crumble (to crumble)*	
La laitue - *lettuce*	
Fines - *thin*	
Lanières - *strips*	
Enlevez-les (enlever) - *remove them (to remove)*	
Feu - *fire*	
Épluchez (éplucher) - *peel (to peel)*	
Découpez-les - *cut them out*	
Rondelles - *slices*	
Manque (manquer) - *is missing (to miss/to be missing)*	
Bol - *bowl*	
Vinaigre - *vinegar*	
Mélangez le tout - *mix it all*	

Laura se rend compte qu'il peut être très simple de cuisiner. Véronique rappelle à Laura qu'elle a un cake dans le four. Laura court le **sortir**. Il est enfin prêt:

Sortir - *to take out/to get out*

"Il sent si bon ! Merci véronique. C'est grâce à vous que j'ai pu faire tout ça.

-Ne me remerciez pas. Maintenant vous n'avez plus besoin de traiteur. Et ne mangez plus de surgelés!"

Véronique ne tarde pas chez Laura. Elle **prend congé** très vite après l'avoir aidée à **faire la vaisselle**. Après avoir raccompagné Véronique, Laura court prendre son téléphone. Elle appelle sa mère et lui annonce que demain elle apportera plein de bonnes choses à manger. "J'espère que ça sera **mangeable**!

-Mais bien sûr. Je me suis **bien appliquée**.

-D'accord. Je ne demande qu'à goûter moi."

> Prend congé (prendre congé) - *takes her leave (to take one's leave)*
> Faire la vaisselle - *to wash the dishes*
> Mangeable - *edible*
> Bien appliquée. - *very diligent*

Le jour du pique-nique est enfin arrivé. Laura part très tôt chez ses grands- parents. Elle y est partie tellement tôt qu'elle est la première arrivée. C'est sa grand-mère qui lui ouvre la porte:

"Bonjour mamie!

Oh! Bonjour ma petite, tu arrives bien tôt. Entre ma chérie.

Papi n'est pas là?

Si. Il est dans le jardin. Il prépare les lieux.

D'accord, j'irai le voir plus tard. Mamie! Regarde ce que j'ai cuisiné pour le pique-nique.

Tu as cuisiné? Et non pas ton copain le traiteur?!

Non c'est bien moi. J'ai pris des cours et voilà.

Bravo ma petite. Qu'as-tu donc préparé?

Un cake au thon et une salade niçoise.

Tout ça?! Bravo tu es un grand chef maintenant. Viens dans la cuisine, fais-moi **goûter** tout ça.

D'accord."

Aussitôt dans la cuisine, Laura fait goûter ses plats à sa grand-mère, qui les adore. Toute contente, elle court appeler le grand-père de Laura, qui arrive très vite. "Qu'est-ce qui se passe? Ah! Laura tu es déjà arrivée?

Oui elle est arrivée et elle a cuisiné des **merveilles**. Goûte-moi ça."

> Goûte (goûter) - *taste (to taste)*
> Merveilles - *wonders/marvels*

Le grand père goûte et il apprécie énormément. Il dit à sa petite fille: "Tu nous as bien caché ce talent!" Laura lui répond: "Je n'ai pas de talent. J'ai simplement eu un bon prof."

La grand-mère de Laura lui signale que son cake est trop petit. Il ne **suffira** pas à tout le monde. Laura propose d'en faire un autre avant que les autres arrivent.

Suffira (suffire) - *will be enough/will suffice (to be enough/to suffice)*

Heureusement, la grand-mère de Laura a toujours son **réfrigérateur** et ses **placards** bien remplis. Laura trouve facilement tous les ingrédients. Elle reprend les mêmes **étapes** toutes seules. Les **gestes** appris **la veille** avec Véronique sont **reproduits**, et en une heure, un deuxième cake sort du four. Les invités étant arrivés sont maintenant une preuve que c'est bien Laura qui a cuisiné ce qu'elle a apporté.

Réfrigérateur - *refrigerator*

Placards - *cupboards*

Étapes - *steps*

Gestes - *movements/actions*

La veille - *the day before*

Reproduits - *reproduced*

Le pique-nique peut enfin commencer.

VOCABULARY RECAP 3

Réunion de famille - *family reunion*

Plaisir - *pleasure/enjoyment*

N'a pas très envie - *does not really want*

Ne sait pas comment faire - *doesn't know what to do*

Se sauver de cette situation - *to escape this situation*

Faire appel - *to request*

Traiteur - *caterer*

Grand-mère - *grandmother*

Cuisinière - *cook*

Fait maison - *home-made*

Est habitué (e) à (être habitué (e)) - *is used to (to be used to)*

Se nourrir - *to feed/to eat*

Uniquement - *only*

Surgelés - *frozen food*

Rater l'occasion - *to miss the opportunity*

Réfléchit (réflechir) - *is thinking (to think)*

Le meilleur - *the best*

Profitant - *taking advantage of*

De nos jours - *these days*

Usine - *factory*

Du tout. - *at all*

Se met à rire (se mettre à rire) - *starts laughing (to start laughing)*

Si ce n'est que ça - *if that's all*

M'apprendre - *to teach me*

Retiens (retenir) - *remember (to remember)*

Brûle (brûler) - *burns (to burn)*

Moi-même - *myself*

Mon cœur - *my dear/my sweety*

S'occupait du (s'occuper) - *would take care of (to take care of)*

Le reste - *the rest (remaining part)*

Embrasse papa de ma part - *kiss Dad for me*

À peine - *as soon as/no sooner*

A Raccroché (raccrocher) - *hung up (to hang up)*

Compter sur - *to count on*

Se revoient (se revoir) - *see each other again (to see each other again)*

Recettes - *recipes*

Cake salé - *savory cake/loaf*

Ça m'a l'air parfait - *it looks perfect to me*

Pratique - *practical*

Le thon. - *tuna*

Poisson - *fish*

Impressionner - *to impress*

Une liste de courses - *shopping list*

Le repas - *the meal*

Lendemain - *the next day*

Est habitué (e) à (être habitué (e)) - *is used to (to be used to)*

Produits frais - *fresh products*

Tant bien que mal - *somehow*

Menu du jour - *today's special*

Se dépêche (se depêcher) - *hurries (to hurry)*

Magnifique - *wonderful/magnificent*

Ustensiles - *utensils*

Tabliers - *aprons*

Déballe (déballer) - *unpacks (to unpack)*

Les courses - *groceries*

Tenez - *take this*

Lavez (laver) - *wash (to wash)*

Les légumes - *the vegetables*

Prêt - *ready*

Attaquerait (attaquer) - *started/tackled a task (to start/tackle a task)*

Farine - *flour*

Levure - *yeast*

Gruyère rapé - *grated (Swiss) cheese*

Un tout petit peu - *a little bit*

Bien entendu - *of course*

Mélangez (mélanger) - *mix/stir (to mix/to stir)*

Facile - *easy*

Huilez (huiler) - *grease (to lubricate)*

L'intérieur - *the inside*

Moule - *baking pan/mold*

Versez (verser) - *pour (to pour)*

Pâte - *dough*

Four - *oven*

Laissez-le Cuire - *let it cook*

Encadré - *supervised/lead*

Doucement - *gently/slowly*

Anchois - *anchovy*

Découperez (découper) - *cut out (to cut out)*

En petits morceaux. - *into small pieces*

Découperez en petit morceaux (découper en petits morceaux) - *chop (to chop)*

Émiettez (émietter) - *crumble (to crumble)*

La laitue - *lettuce*

Fines - *thin*

Lanières - *strips*

Enlevez-les (enlever) - *remove them (to remove)*

Feu - *fire*

Épluchez (éplucher) - *peel (to peel)*

Découpez-les - *cut them out*

Rondelles - *slices*

Manque (manquer) - *is missing (to miss/to be missing)*

Bol - *bowl*

Vinaigre - *vinegar*

Mélangez le tout - *mix it all*

Sortir - *to take out/to get out*

Prend congé (prendre congé) - *takes her leave (to take one's leave)*

Faire la vaisselle - *to wash the dishes*

Mangeable - *edible*

Bien appliqué - *very diligent*

Goûte (goûter) - *taste (to taste)*

Merveilles - *wonders/marvels*

Suffira (suffire) - *will be enough/will suffice (to be enough/to suffice)*

Réfrigérateur - *refrigerator*

Placards - *cupboards*

Étapes - *steps*

Gestes - *movements/actions*

La veille - *the day before*

Reproduits - *reproduced*

PRACTICE YOUR WRITING

Write a short summary of this story.

Sample:

Laura est invitée à une réunion de famille chez ses grands- parents. La grand-mère de Laura a prévu un pique-niqueet chacun doit cuisiner. Laura **est dans de beaux draps**. Elle, qui ne sait pas cuisiner, ne trouve pas de solution à son problème.

> est dans de beaux draps (être dans de beaux draps) - *is in a pickle (to be in a pickle)*

Au travail, Laura demande à sa collègue Véronique si elle connaît un bon traiteur. Curieuse, Véronique lui demande pourquoi. Laura lui raconte son histoire. Véronique propose à Laura un coup de main, mais celui-ci sera un cours de cuisine.

Elles se mettent d'accord pour faire un cake au thon et une salade niçoise. Le rendez-vous est fixé pour la veille du jour du pique-nique.

Le jour du rendez-vous est là. Laura part faire les courses. Elle met du temps mais Laura arrive à trouver tout ce qu'il lui faut pour préparer le cake au thon et la salade niçoise.

À peine Laura rentrée chez elle, Véronique arrive. Elles ne tardent pas à se mettre au travail.

Véronique guide Laura d'une façon **digne** des meilleurs professeurs. Elles préparent et mettent à cuire au four le cake au thon, avant de passer à la salade niçoise.

> Digne - *worthy of*

Laura suit les instructions de véronique, découpe les ingrédients... Elle prépare la sauce et fait une magnifique salade. En fin de journée, elle remercie Véronique qui rentre chez elle.

Le jour du pique-nique est enfin arrivé. Laura part très tôt chez ses grands-parents. À peine arrivée, elle fait goûter ses plats à ses grands-parents qui sont fiers de la cuisine de leur petite fille. La grand-mère de Laura lui dit qu'un seul cake ne suffit pas à tout le monde. Laura propose d'en faire un autre **sur le champ**. Et c'est ainsi qu'avec une grande confiance Laura reproduit les mêmes gestes de la veille et cuisine un second cake au thon. Elle a réussi et prouvé ses talents en cuisine. Et le pique-nique peut enfin commencer.

Sur le champ - *right now*

TRANSLATION

La famille Leclerc organise chaque année sa grande réunion de famille. Comme chaque année, la réunion se fait chez les grands-parents. Mais cette année, la réunion ne fait pas plaisir à tout le monde. Laura, petite fille des Leclerc, n'a pas très envie d´y participer.

The Leclerc family organizes their big family reunion every year. Like every year, the reunion takes place at the grandparents' house. But this year, the reunion doesn't please everyone. Laura, the young Leclerc daughter, doesn't really want to participate.

En effet, cette année, les grands-parents organisent un pique-nique. Et qui dit pique-nique, dit chacun cuisine et apporte à manger avec lui. Laura, qui n'aime pas cuisiner,ne sait pas comment faire pour se sauver de cette situation. Elle ne peut pas faire appel à un traiteur. Sa grand-mère est une trop bonne cuisinière, elle va savoir que ce n'est pas fait maison.

This year though, the grandparents are organizing a picnic. And when they say picnic, it means each person cooks and brings something to eat. Laura, who doesn't like cooking, doesn't know what to do to get out of this situation. She can't call on a caterer. Her grandmother is such a good cook, she'll know that it isn't home-made.

Même si Laura est trop mauvaise cuisinière, et qu'elle est habituée à se nourrir uniquement de surgelés, elle ne souhaite pas rater l'occasion de revoir toute sa famille. Elle réfléchit beaucoup mais ne trouve pas de solution.

Even if Laura is a poor cook, and she is used to eating only frozen foods, she doesn't want to miss out on seeing her whole family. She thinks on it but doesn't come up with a solution.

La seule option est d'essayer quelques traiteurs, et de choisir le meilleur. Profitant de la pause, elle demande à une de ses collègues:

The only option is to try several caterers, and to choose the best one. Taking advantage of a break, she asks one of her colleagues :

"Véronique! Dites-moi. Vous ne connaissez pas un traiteur dont la cuisine semble faite maison?

« Veronique ! Tell me. Do you know of a caterer whose food seems home-made ?

-Non. De nos jours les traiteurs travaillent comme à l'usine. Ce n'est pas bon du tout. Pourquoi cherchez-vous un traiteur?"

-No, these days the caterers work like in a factory. That isn't good at all. Why are you looking for a caterer ? »

Laura raconte alors son histoire à sa collègue. Véronique se met à rire et dit à Laura :

"Si ce n'est que ça. Je vais vous aider.

M'aider?! Non je ne peux pas accepter. Mais c'est gentil de votre part de proposer de cuisiner pour moi.

Cuisiner pour vous?! Je n'ai pas dit ça. Je vais vous apprendre à cuisiner.

M'apprendre à cuisiner?! J'ai déjà essayé d'apprendre. Mais je ne retiens pas ce qu'on me montre. À chaque fois que j'essaye de reproduire ce que j'ai vu, ça brûle.

Justement je ne vais pas le faire moi-même. C'est vous qui allez cuisiner. Moi, je vais juste vous apprendre. Faites-moi confiance.

D'accord.

C'est pour quand votre réunion de famille?

Dimanche prochain.

Parfait ! Je viendrai chez vous samedi après-midi. Demain nous allons discuter de la préparation pique-nique. D'accord?

Oui. Merci beaucoup Véronique."

So Laura tells her story to her colleague. Veronique begins to laugh and says to Laura :

"If that's all it is, I am going to help you."

"Help me ?! No, I can't accept. But it's very nice of you to suggest cooking for me."

"Cooking for you?! I didn't say that. I am going to teach you to cook."

"Teach me to cook?! I've already tried learning. But I don't remember anything anyone shows me. Each time I try to reproduce what I saw, it burns."

"Truly I am not going to do it myself. It's you who are going to cook. I'm only going to teach you. Trust me."

"Okay."

" When is your family reunion?"

"Next Sunday."

"Perfect ! I'll come over to yours on Saturday afternoon. Tomorrow, we'll discuss the picnic preparation. Agreed?"

"Yes. Thank you very much, Veronique."

En fin de journée, Laura appelle sa mère pour lui demander ce qu'elle doit cuisiner pour le pique-nique: "Allô! Maman?

Oui. Salut mon cœur. Ça va?

Oui ça va. Papa et toi vous allez bien?

Nous allons bien, merci ma fille.

Maman. Dis-moi. Qu'est-ce que je dois préparer pour le pique-nique de samedi?

Depuis quand tu cuisines toi?

Depuis aujourd'hui. J'ai une surprise et pas de traiteur! Cette fois, c'est moi qui fais tout.

D'accord. Et bien mamie a dit qu'elle s'occupait du dessert et le reste est pour nous.

Ok! Merci Maman. Embrasse papa de ma part. À plus."

At the end of the day, Laura calls her mother and asks her what she should cook for the picnic: "Hello! Mom?"

"Yes hello sweety. All is well?"

"Yes it's going well. You and Dad are well?"

"We're fine, thank you my daughter."

"Mom. Tell me. What should I cook for Saturday's picnic?"

"Since when do you cook?"

"Since today. I have a surprise, and no caterer! This time I'm doing it all."

"Okay. Grandma has said she will take care of the dessert and the rest is for us to do."

"Okay. Thanks Mom. Kiss Dad for me. Talk later. »

À peine a-t-elle raccroché avec sa mère que Laura appelle Véronique pour lui apprendre les détails qu'elle vient de recevoir de sa mère. Véronique dit à Laura de compter sur elle et qu'elles vont en discuter le lendemain.

No sooner had she hung up with her mother than Laura calls Veronique to tell her what she's just learned from her mother. Veronique tells Laura to count on her and that they will talk about it the next day.

Le lendemain Véronique et Laura se revoient au travail:

"Bonjour Laura ! Ça va aujourd'hui?

Ça va merci. Et vous?

Je vais bien aussi. Je vous ai apporté quelques recettes idéales pour un pique-nique. Nous les verrons à la pause.

Merci Véronique. A tout à l'heure."

The next day Veronique and Laura see each other at work:

"Hello Laura! All is well today?"

"Yes, all fine thanks. And you?"

"Yes, I'm fine. I brought you some great recipes for a picnic. We'll look at them at break."

"Thanks Veronique. See you soon."

Après une bonne matinée de travail, les deux collègues se retrouvent pour déjeuner. Et là, Véronique montre des recettes idéales pour un pique-nique:

"Pour un pique-nique, le plus populaire reste le sandwich. Mais il vous faut innover. Que pensez-vous d'un cake salé?

Oui. Ça m'a l'air parfait. C'est aussi pratique pour manger.

D'accord. Vous le voulez à quoi votre cake?

J'aime bien le thon.

Ok! Donc un cake au thon. Vous pensez quoi d'une salade en plus du cake?

Oui. Des petits plats pratiques.

Vous avez une salade préférée?

Non pas vraiment. Mon grand-père aime beaucoup le poisson.

D'accord, alors une salade niçoise fera l'affaire.

Super ! Je vais les impressionner avec ça.

Je vous prépare une liste de courses pour tout ça. Vous les ferez samedi matin.

Merci Véronique."

After a good morning of work, the two colleagues find meet for lunch. There Veronique shows the ideal recipes for a picnic.

"For a picnic the most popular thing is still the sandwich. But you should be innovative. What do you think of a savoury loaf ?"

"Yes that seems perfect. It's also practical to eat."

"Agreed. What do you want it to be made from?"

"I really like tuna."

"Okay, then a tuna loaf. What do you think of a salad with the loaf?"

"Yes, small practical dishes. »

"Do you have a favorite salad?"

"Not really. My grandpa really likes fish."

"Good, then a nicoise salad will round it off."

"Super ! I'm going to impress them with this."

"I will give you a shopping list for all this. Get them Saturday morning."

"Thank you Veronique."

Samedi est vite arrivé. Laura se lève rapidement. Elle se prépare en quelques minutes et elle part faire les courses pour le repas du lendemain. Véronique arrivera vers 14h30. Ça laisse du temps à Laura pour faire ses courses.

Saturday soon comes. Laura gets up quickly. She gets ready in a couple minutes and leaves to do the shopping for the next day's meal. Veronique will arrive around 2 :30 PM. That leaves Laura some time to do the shopping.

Laura n'est pas très habituée aux produits frais. Elle ne connaît que le rayon des surgelés du supermarché. Elle a du mal à trouver les autres rayons. Mais elle arrive tant bien que mal à finir ses courses. En rentrant, elle souhaite déjeuner au restaurant. Elle part au restaurant du quartier. Elle y commande le menu du jour, qu'elle finit très rapidement. Véronique ne va pas tarder à arriver chez Laura.

Laura doesn't have much experience of fresh products. She only knows the frozen foods aisle at the supermarket. She struggles to find the right shelves. But she manages somehow to finish her shopping. On her way home, she wants to have lunch at a restaurant. She goes to her local restaurant. She asks for the daily special which she finishes very quickly. Veronique will soon be late at Laura's.

À peine arrivée chez elle, Laura pose ses courses sur la table de la cuisine. Au même moment, quelqu'un sonne à la porte. Elle se dépêche d'ouvrir. C'est Véronique:

"Salut Véronique! Entrez.

Bonjour Laura. Vous avez un bel appartement et une magnifique cuisine.

Oui mais elle ne sert pas beaucoup.

Je vois ça. Vos ustensiles sont encore tout neufs. Vous avez fait les courses.

Oui. Elles sont sur la table.

Ok ! On commence tout de suite?

Non, pas tout de suite. Vous boirez bien quelque chose?

Oui. Je veux bien un petit café.

Tout de suite."

As soon as she's home, Laura puts her shopping on the kitchen table. At the same moment, someone rings at the door. She hurries to answer it. It's Veronique.

"Hello Veronique ! Come in."

"Hi Laura. You have a beautiful apartment and a wonderful kitchen."

"Yes, but it isn't used often."

"I can see that. Your utensils are still completely new. You did your shopping."

"Yes, they're on the table."

"Okay. Should we start right away ?"

"No, not right away. Would you like something to drink?"

"Yes, I'd like a small coffee."

"Right away."

Une fois le café terminé, Véronique et Laura vont à la cuisine. Elles mettent des tabliers. Puis Véronique déballe les courses. Tout y est. C'est bon. Elle dit à Laura:

"Tenez, lavez les légumes." Laura lave les légumes pendant que Véronique finit de préparer le reste des aliments.

Once the coffee is finished, Veronique and Laura go to the kitchen. They put on aprons. Then Veronique unpacks the groceries. Everything is there. That's good. She says to Laura :

"Here, wash the vegetables." Laura washes the vegetables while Veronique finishes preparing the rest of the food.

Véronique dit que le cake prend plus de temps à réaliser et qu'il faut donc l'attaquer le premier.

Veronique says that the savoury loaf takes some time to prepare and so they should tackle that first.

"Alors, pour le cake il nous faut de la farine, de la levure, du thon, des olives, du gruyère râpé, du lait, des œufs, un tout petit peu d'huile, du poivre et du sel bien entendu.

-Quelles quantités?

-200 grammes de thon, 100 grammes de farine, la même quantité de fromage, 50 grammes d'olives, 3 œufs, un demi-sachet de levure, 10 centilitres d'huile et 10 cl de lait. Prenez tous les ingrédients sauf le thon, les olives et le fromage. Mélangez- les.

D'accord. Jusque-là c'est facile.

Très bien. Allez-y. Mélangez bien le tout. Maintenant ajoutez les olives, le gruyère et le thon.

Ok !

À présent. Il nous faut un moule. Où sont les vôtres ?

Là-haut dans le placard.

D'accord. Huilez un peu l'intérieur du moule. Versez-y la pâte dans le moule. Mettez dans le four à 180°C et laissez-le cuire 40 à 45 minutes. Vous voyez que ce n'est pas difficile de cuisiner ?

Oui. Quand on est encadré. C'est plus simple.

"Okay then, for the loaf we need wheat, yeast, tuna, olives, grated gruyere cheese, milk, eggs, a little bit of oil, some pepper and some salt of course."

"What quantities?"

"200 grams of tuna, 100 grams of flour, the same quantity of cheese, 50 grams of olives, three eggs, a half packet of yeast, 10 centilitres of oil, and 10 centilitres of milk. Take all the ingredients except the tuna, the olives and the cheese and mix them together."

"Sure. So far it's easy."

"Good. Let's carry on. Mix it well. Now add the olives, the tuna and the gruyere."

"Ok."

" Now we need a baking mold. Where's yours?"

"Up there in the cabinet."

"Good. Now grease the pan a bit. Turn the mix into the mold. Place in the oven at 180 degrees C and let cook for 40 to 45 minutes. You see that it's not hard to cook?"

"Yes. When you're supervised. It's simpler."

Pendant que Véronique et Laura préparent les ingrédients pour la salade niçoise, le cake cuit tout doucement dans le four.:

While Veronique and Laura prepare the ingredients for the salad nicoise, the loaf cooks gently in the oven.

"Pour une salade, il nous faut du poisson. J'ai vu que vous avez bien fait les courses. Il y a du thon et des anchois.

Oui. Nous aimons beaucoup cette salade dans notre famille.

Vous avez bon goût dans votre famille.

Merci.

Pour commencer cette salade, mettez les œufs à bouillir. Et en attendant qu'ils cuisent, vous découperez les autres ingrédients.

Ok! Chef.

Comme c'est pour un pique-nique. C'est plus pratique de tout découper en petits morceaux. Vous avez déjà lavé les légumes. Apportez-les.

-Les voilà.

Découpez les poivrons, les oignons et les tomates en petits dés. Émiettez le thon et coupez la laitue en très fines lanières.

D'accord.

Maintenant les œufs doivent être cuits. Enlevez-les du feu, épluchez-les et découpez-les en rondelles. Pour les anchois. J'ai vu que vous en avez achetés beaucoup. Coupez-les en deux simplement.Ça fera joli.

Oui. Cette salade est riche en couleur.

Prenez un grand saladier. Mettez-y tous les ingrédients avec les olives noires, mais pas encore les œufs. À votre avis il ne manque pas quelque chose à notre salade?

Non. Elle est déjà bien pleine. Je ne vois pas ce qu'il pourrait manquer.

Mais si, il manque quelque chose ! Il manque la sauce.

Ah ! Oui ! Je l'ai oubliée.

Pour faire la sauce de la salade niçoise il nous faut de l'huile d'olives. Je vous en ai apporté.

Merci Véronique. C'est très gentil de votre part.

Je vous en prie. Versez un peu d'huile dans un bol. Ajoutez-y du vinaigre, du sel, du poivre et de la moutarde. Mélangez-le tout. Et voilà, votre sauce est prête.

Ajoutez-là à votre salade. Mélangez encore un peu. Mettez les œufs en rondelles sur le haut. Et voilà c'est prêt."

"For a salad, we need some fish. I see that you've shopped well. There is some tuna and some anchovies."

"Yes. We really like this salad in our family."

"You have good taste in your family."

"Thank you."

"To begin this salad, put the eggs on to boil. And while waiting for them to cook, you'll cut up the other ingredients."

"Okay Chef!"

"Since this is for a picnic, it's more practical to cut everything into small pieces. You've already washed the vegetables. Get them."

"Here they are."

"Chop the peppers, the onions and the tomatoes into cubes. Crumble the tuna and cut the lettuce in very thin strips."

"Done."

"Now the eggs should be cooked. Remove them from the heat, peel them, and cut them in slices. For the anchovies, I see that you have bought a lot. Cut them just in two. That will be pretty."

"Yes, this salad is rich in color."

"Take a large salad bowl. Put in all the ingredients with the black olives, but not the eggs yet. In your opinion is anything missing from our salad?"

"No, there's plenty. I don't see how anything could be missing."

"But there is something missing. It is missing the dressing."

"Ah yes! I forgot that!"

"To make the dressing for the salad niçoise we need olive oil. I brought you some."

"Thank you, Veronique. That 's very nice of you."

"You're welcome. Pour the oil in a bowl. Add to it some vinegar, some salt, some pepper and some mustard. Mix it all together. And there you have it, your sauce is ready."

"Add it to your salad. Mix it again. Put the egg slices on top. And there, it is ready."

Laura se rend compte qu'il peut être très simple de cuisiner. Véronique rappelle à Laura qu'elle a un cake dans le four. Laura court le sortir. Il est enfin prêt:

Laura realizes that cooking can be very easy. Veronique reminds Laura that she has a loaf in the oven. Laura runs to take it out. It is finally ready.

"Il sent si bon ! Merci véronique. C'est grâce à vous que j'ai pu faire tout ça.

-Ne me remerciez pas. Maintenant vous n'avez plus besoin de traiteur. Et ne mangez plus de surgelés!"

Véronique ne tarde pas chez Laura. Elle prend congé très vite après l'avoir aidée à faire la vaisselle. Après avoir raccompagné Véronique, Laura court prendre son téléphone. Elle appelle sa mère et lui annonce que demain elle apportera plein de bonnes choses à manger. "J'espère que ça sera mangeable!

"Mais bien sûr. Je me suis bien appliquée."

"D'accord. Je ne demande qu'à goûter moi."

"It smells so good! Thank you, Veronique. It's thanks to you that I was able to do this.

"Don't thank me. Now you now longer need a caterer. And don't eat frozen food anymore!"

Veronique doesn't stay late at Laura's. She takes her leave quickly after having helped her wash the dishes. After seeing Veronique to the door, Laura runs to get her phone. She calls her mother and tells her that tomorrow she'll plenty of good things to eat.

"I hope it will be edible!"

"Of course it will, I worked very hard."

"Agreed. I only want to taste it now."

Le jour du pique-nique est enfin arrivé. Laura part très tôt chez ses grands-parents. Elle y est partie tellement tôt qu'elle est la première arrivée. C'est sa grand-mère qui lui ouvre la porte:

"Bonjour mamie!

-Oh! Bonjour ma petite, tu arrives bien tôt. Entre ma chérie.

-Papi n'est pas là?

-Si. Il est dans le jardin. Il prépare les lieux.

-D'accord, j'irai le voir plus tard. Mamie! Regarde ce que j'ai cuisiné pour le pique-nique.

-Tu as cuisiné? Et non pas ton copain le traiteur?!

-Non c'est bien moi. J'ai pris des cours et voilà.

-Bravo ma petite. Qu'as-tu donc préparé?

-Un cake au thon et une salade niçoise.

-Tout ça?! Bravo tu es un grand chef maintenant. Viens dans la cuisine, fais-moi goûter tout ça.

-D'accord."

Aussitôt dans la cuisine, Laura fait goûter ses plats à sa grand-mère, qui les adore. Toute contente, elle court appeler le grand-père de Laura, qui arrive très vite. "Qu'est-ce qui se passe? Ah! Laura tu es déjà arrivée?

"Oui elle est arrivée et elle a cuisiné des merveilles. Goûte-moi ça."

The day of the picnic is finally here. Laura sets off really early for her grandparents' house. She leaves so early that she is the first to arrive. It's her grandmother who opens the door for her:

"Hi Grandma!

"Oh, hello my little one, you're here early. Come in, dear."

"Isn't Grandad here?"

"Yes, he is in the garden. He is setting things up."

"Okay, I will go see him later. Grandma, look what I cooked for the picnic."

"You cooked? And not your friend the caterer?!"

"No, it's really me. I took a class and here it is."

"Bravo my little one. So what did you prepare?"

"A tuna loaf and a salad niçoise."

"All that?! Bravo, you're really a chef now. Come into the kitchen, let me taste all this."

"Okay."

As soon as they're in the kitchen, Laura has her grandmother taste her dishes, and she loves them. Completely happy, she runs to call Laura's grandfather who comes in quickly. "What's up? Ah! Laura you're here already?"

-Yes, she has arrived and she cooked some wonders. Taste this."

Le grand père goûte et il apprécie énormément. Il dit à sa petite fille: "Tu nous as bien caché ce talent!" Laura lui répond: "Je n'ai pas de talent. J'ai simplement eu un bon prof."

La grand-mère de Laura lui signale que son cake est trop petit. Il ne suffira pas à tout le monde. Laura propose d'en faire un autre avant que les autres arrivent.

The grandfather tastes and likes it very much. He says to his granddaughter: "You have certainly hidden your talent from us!" Laura replies: "I don't have any talent. I simply had a good teacher."

Laura's grandmother signals to her that the loaf is too small. It won't be enough for everyone. Laura proposes to make another one before the others arrive.

Heureusement, la grand-mère de Laura a toujours son réfrigérateur et ses placards bien remplis. Laura trouve facilement tous les ingrédients. Elle reprend les mêmes étapes toutes seules. Les gestes appris la veille avec Véronique sont reproduits, et en une heure, un deuxième cake sort du four.

Les invités étant arrivés ont maintenant une preuve que c'est bien Laura qui a cuisiné ce qu'elle a apporté.

Le pique-nique peut enfin commencer.

Happily, Laura's grandmother always has her refrigerator and her cupboards well stocked. Laura easily finds all the ingredients. She repeats the same steps by herself. The actions learned the day before with Veronique are reproduced and in one hour, a second loaf comes out of the oven. The guests have all arrived and now have proof that it really is Laura who cooked what she brought.

The picnic can finally begin.

CHAPTER "GOOD WILL"

Helping others without expectation of anything in return has been proven to lead to increased happiness and satisfaction in life.

We would love to give you the chance to experience that same feeling during your reading or listening experience today…

All it takes is a few moments of your time to answer one simple question:

<u>Would you make a difference in the life of someone you've never met—without spending any money or seeking recognition for your good will?</u>

If so, we have a small request for you.

If you've found value in your reading or listening experience today, we humbly ask that you take a brief moment right now to leave an honest review of this book. It won't cost you anything but 30 seconds of your time—just a few seconds to share your thoughts with others.

Your voice can go a long way in helping someone else find the same inspiration and knowledge that you have.

Scan the QR code below:

OR

Visit the link below:

https://geni.us/ZCH3Me

Thank you in advance!

HISTOIRE 4/STORY 4:
UN SAMEDI À FAIRE DES EMPLETTES

Héloïse et Sophie, **amies de longue date**, passent toutes les deux la soirée ensemble. Les deux **copines s'amusent comme au bon vieux temps**. Le mariage du frère de Sophie **approche à grands pas**. Les jeunes femmes discutent de leurs projets pour ce grand jour:

Amies de longue date - *old friends*

Copines - *friends*

S'amusent (s'amuser) - *are having a good time (to have a good time)*

Comme au bon vieux temps - *like the good old days*

> **Approche à grands pas (approcher à grands pas)** - *is approaching quickly/ is just around the corner (to approach quickly/to be just around the corner)*

"Sophie ! Que vas-tu **porter** à la cérémonie?

Je ne sais pas encore. Surtout qu'il me faut une autre **tenue** pour la **fête**.

Deux tenues?! Mais tu peux porter la même robe pour les deux.

Non! Mon François ne se marie qu'une fois dans sa vie. Il faut **faire honneur à** ça. J'ai pensé à un joli **tailleur** pour la cérémonie à la **mairie** et une petite robe pour après. Tu en penses quoi?

Oui. C'est une bonne idée. Tu as déjà acheté tes tenues?

Non. **Ça te dit d**'aller faire les boutiques samedi prochain?

Ouais. **Ça serait sympa**. Comme ça je pourrai aussi m'acheter de quoi me mettre pour ce **fameux** mariage."

> Porter - *to wear*
> Tenue - *outfit*
> Fête - *celebration*
> Faire honneur à - *to do justice to*
> Tailleur - *pant suit*
> Mairie - *city hall*
> Ça te dit de?- *You up for?/Do you want to?*
> Ça serait sympa - *it would be nice*
> Fameux - *famous*

Le week-end suivant, comme prévu, Héloïse **frappe** à la porte de Sophie. Elle l'attend depuis un bon moment: "C'est maintenant que tu arrives?" Héloïse répond avec un petit sourire: "Pardon. J'**ai croisé** Myriam et on a discuté un petit peu.

Tu aurais pu faire plus vite que ça. Allez! On y va.

Ok **Patron**!"

> Frappe (frapper) - *knocks on (to knock)*
> Ai croisé (avoir croisé) - *bumped into/met/ran into (to bump into/to meet/to run into)*
> Patron - *boss*

Une fois dehors, Sophie **prévient** Héloïse qu'il faut d'abord aller au supermarché. Comme elle était chez ses parents, Sophie n'avait pas fait de course cette semaine. Elles vont donc au supermarché.

> Prévient (prévenir) - *informs (to inform)*

Sur place, les filles prennent un **caddie**. Elles entrent dans le magasin. Héloïse demande à Sophie si elle a prévu de quoi acheter. Sophie lui dit qu'elle a préparé une liste de courses. Tout d'abord Sophie veut aller au rayon boulangerie, car il ne lui reste plus de pain. Au **rayon boulangerie** le vendeur s'adresse aux filles:

> Caddie - *shopping cart/trolley*
> Rayon boulangerie - *bakery department*

"Bonjour Mesdemoiselles. **Que désirez-vous**?

Bonjour Monsieur. Donnez-moi deux **baguettes traditions** et un petit pain de campagne.

Tout de suite Mademoiselle. Tenez, voilà votre pain et votre ticket. Vous payerez à la **caisse** en partant du magasin.

Merci Monsieur. Au revoir."

> Que désirez-vous? - *What would you like?*
> Baguettes traditions - *traditional baguettes*
> Caisse - *checkout*

Après le pain, Héloïse et Sophie se dirigent vers **le rayon fruits et légumes**. Arrivées au rayon, Héloïse demande:

"Qu'est-ce qu'il te **faut** maintenant?

1 kilo de pommes de terre, 500 grammes de tomates, 500 grammes d'oignons, quelques **poivrons** de différentes couleurs, 300 grammes de carottes, 200 grammes de **courgettes**, 1/2 **chou**, une **barquette** de **fraises** et une de **framboises**."

Les fruits et légumes **empaquetés** dans le caddie, Sophie dit à sa copine: "La prochaine étape, c'est le **rayon boucherie** et **boisson**." Les deux jeunes femmes finissent leurs courses et vont à la caisse pour **régler leurs achats**.

> Le rayon fruits et légumes - *the fruit and vegetable department*
> Faut - *need*

Poivrons -	*peppers*
Courgettes -	*zucchinis*
Chou -	*cabbage*
Barquette -	*punnet*
Fraises -	*strawberries*
Framboises -	*raspberries*
Empaquetés -	*wrapped*
Rayon de boucherie -	*meat department*
Boisson -	*beverage*
Régler leurs achats -	*to pay for their purchases*

Sophie présente ses courses à la **caissière** pendant qu'Héloïse **se charge** d'aller ranger le caddie à sa place.

"Vous voulez payer par **carte** ou en **espèces**?"demande la caissière. Sophie demande à son tour: "C'est combien pour **le tout**?

Ça fait 42€ mademoiselle.

Très bien, en espèces alors. J'ai aussi **un bon de réduction** pour les jus de fruits.

D'accord. Donnez-moi le tout. Vous voulez **un ticket de caisse**?

Non merci. **Ce n'est pas la peine**.

Comme vous voulez. Voici votre **monnaie**, à bientôt.

Au revoir Madame."

Caissière -	*cashier*
Se charge (se charger) -	*takes care (to take care)*
Carte -	*card*
Espèces -	*cash*
Le tout -	*all*
Un bon de réduction -	*a discount voucher*
Un ticket de caisse -	*a receipt*
Ce n'est pas la peine -	*that is not necessary*
Monnaie -	*change*

Sophie retrouve Héloïse à la sortie du supermarché à qui elle dit: "Je vais aller déposer mes courses chez moi. Tu veux m'attendre ou venir avec moi?" Héloïse répond:

"Je vais te **devancer** à la station. Je vais t'attendre là-bas.

Ok ! À tout de suite."

Sophie court **déposer** ses courses chez elle alors qu'Héloïse part la première à la station de métro. Une dizaine de minutes plus tard, elles se retrouvent et prennent le métro pour aller en ville.

Devancer - ***to get ahead of***

Déposer - ***to drop off***

Une fois en ville, Sophie décide d'aller acheter le tailleur qu'elle portera à la mairie le jour du mariage de son frère. Héloïse ne tarde pas à **remarquer** un magasin qui fait **un rabais** de 20% sur ses tailleurs. "**Ce n'est pourtant pas** la période des **soldes**!" dit Sophie. "**Peu importe**! On y va" lui dit sa copine. Le magasin a énormément de choix et à des prix **très abordables**. Sophie est attirée par un beau tailleur beige parfait pour un mariage. Elle **se presse** de demander au vendeur de lui en donner un à sa **taille** pour qu'elle l'essaye. Le tailleur lui **va comme un gant**. Elle décide donc de le prendre sans même en connaître le prix. "Est-il soldé lui aussi?" demande Héloïse, "Oui!" Répond le vendeur. La transaction est rapidement faite. Les filles quittent le premier magasin.

Remarquer - ***to notice***

Un rabais - ***a discount***

Ce n'est pourtant pas - ***it's not even***

Soldes - ***sales***

Peu importe - ***whatever***

Très abordables - ***very affordable***

Se presse (se presser) - ***rushes (to rush)***

Taille - ***size***

Va comme un gant - ***fits like a glove (expression meaning, 'It fits perfectly well.')***

À présent, elles partent chercher des robes dans leur magasin habituel. **À peine arrivées**, elles courent voir la vendeuse. Elles lui demandent de leurui montrer les tout derniers modèles arrivés. Robe après robe, Sophie et Héloïse **s'emparent** des **cabines d'essayage**. Les filles mettent du temps à se décider. Finalement, elles se mettent d'accord sur deux robes rouges presque identiques. Elles seront **les stars** de la fête avec ces robes. Étant **des habituées** du magasin, les filles bénéficient de certains privilèges. Comme les deux robes sont **chères**, les vendeurs laissent les filles acheter les robes **à crédit**. Néanmoins, les filles préfèrent payer **la moitié du prix à l'achat** et **l'autre moitié** quelques semaines plus tard.

À présent - *now*

À peine arrivées - *shortly after having arrived*

S'emparent (s'emparer) - *seize (to seize)*

Cabines d'essayage - *dressing rooms/fitting rooms*

Les stars - *the stars (celebrities)*

Des habituées - *regular customers*

Chères - *expensive*

À crédit - *on credit*

La moitié du prix à l'achat - *half the price at the point of purchase*

L'autre moitié - *the other half*

Après l'achat des robes, les filles vont au magasin de **chaussures** pour dépenser plus. Les filles se mettent à essayer paire après paire. Elles n'arrivent toujours pas à se décider. Au final, aucune des paires de la boutique ne leur **convient**. Elles décident donc d'aller voir dans un autre magasin un peu plus loin. Les choses sont bien différentes dans ce deuxième magasin. Toutes les paires **plaisent** aux filles et elles ont de nouveau du mal à choisir.

Une idée traverse soudain **l'esprit** d'Héloïse qui ne peut lae garder plus longtemps pour elle.

Chaussures - *shoes*

Conviennent (convenir) - *suit (to suit)*

Plaisent (plaire) - *appeal to (to appeal to)*

Une idée traverse l'esprit - *an idea crosses the mind*

"Sophie. Et si on mettait nos robes? C'est plus simple pour voir quelle paire de chaussures convient.

Bonne idée! **Allons-y.**"

Allons-y - *Let's do it*

Les filles trouvent le moyen de mettre les vêtements qu'elles ont achetés plus tôt, et se mettent à essayer les chaussures du magasin. Après une heure d'essayage, les filles choisissent finalement des paires qui leur vont bien. Elles finissent par quitter le magasin avec deux nouvelles paires de chaussures.

Après **deux bonnes heures** passées **à débattre** de chaussures, Sophie et Héloïse s'accordent une pause déjeuner dans un petit restaurant du centre ville. **À table**, un serveur vient apporter les menus aux deux amies, qui parlent de la suite du programme de leur journée à faire les boutiques : « Qu'est-ce que tu veux acheter de plus Sophie ?

> Deux bonnes heures - *a good two hours*
> À débattre (débattre) - *discussing (to discuss)*
> À table - *on the table*

-Je veux m'offrir quelques **bijoux** pour **mettre en valeur** mes nouveaux vêtements. Et toi?

Et bien… Déjà pas de bijoux pour moi. Mais je veux bien que tu m'aides à choisir un cadeau de mariage pour ton frère.

Mais non. Tu n'as pas besoin de lui faire de cadeau tu fais partie de la famille.

Si. Je ne peux pas me permettre de ne pas faire de cadeau de mariage au frère de ma meilleure amie quand même !

D'accord. Fais comme tu veux. Moi je vais lui offrir **une toile** de lui et de sa chérie. Je l'ai faite faire par un artiste **à partir** d'une de leurs photos.

Oh! Quel beau cadeau. **Je suis impatiente** de voir ce que tu m'offriras le jour de mon mariage.

Trouve-toi un amoureux, après on verra!

Plus facile à dire qu'à faire!"

> Bijoux - *jewelry*
> Mettre en valeur - *to highlight/to showcase*
> Une toile - *a canvas*
> À partir - *from*
> Je suis impatiente (être impatient) - *I can't wait/I'm eager (to be eager)*
> Plus facile à dire qu'à faire - *easier said than done*

Les deux amies **sont coupées** par le serveur qui revient chercher leur commande. "Qu'avez-vous choisi?

Avec tout ça, nous n'avons même pas lu le menu.

Vous voulez que je repasse plus tard?

Non. Merci. Apportez-moi **la spécialité du chef**, la même chose pour mon amie et une bouteille de vin pour accompagner le tout s'il-vous-plaît.

C'est noté!"

> Sont coupées (être coupé) - *are interrupted (to be interrupted)*
> Avec tout ça - *with all of this*
> La spécialité du chef - *Chef's specialty*

Et le serveur repart. Un petit moment plus tard, il revient avec la commande de Sophie et d'Héloïse. Les filles dégustent leur repas en passant un bon moment. Une fois le repas terminé, Sophie, voulant faire plaisir à sa copine, **paye la note** du restaurant. Et elles repartent chercher d'autres **bonnes affaires**.

> Paye la note (payer la note) - *pays the bill (to pay the bill)*
> Bonnes affaires - *good deals*

En route, Héloïse demande à Sophie s´il y a une **bijouterie** où elle veut faire ses achats. Sophie répond que non et lui demande si elle en connaît une bonne. C'est alors qu'Héloïse lui parle de la bijouterie de son oncle, qui se trouve à quelques **centaines** de mètres de là où elles sont. Sophie dit à son amie: "Mais oui! Ton oncle est **bijoutier**. Il a de belles choses?

> Bijouterie - *jewelry store/jewellery shop*
> Centaines - *hundreds*
> Bijoutier - *jeweler (jeweller)*

Je ne peux pas te répondre. Ça fait bien longtemps que je ne suis plus allée dans son magasin. Mais vu tous les bijoux que porte ma tante. Je pense pouvoir te dire qu'il a de jolies choses.

Allons voir ça. Ça ne nous coûte rien d'aller voir.

D'accord. Suis-moi, c'est par là."

Sophie suit son amie qui la mène à la boutique de son oncle, qui est bien content de revoir sa nièce: "En voilà une surprise! Ça doit faire plus de cinq ans que tu n'as pas **montré le bout de ton nez** ici.

Salut **Tonton**. Comment vas-tu?

Moi, je vais bien merci. Et toi, **qu´est-ce qui t'amène par ici?**

Je te présente mon amie Sophie. Tu dois **te souvenir** d'elle. Elle souhaite s'offrir quelques bijoux pour le mariage de son frère.

-Mais oui, bien sûr, la petite Sophie. **Tu as beaucoup grandi**. Attendez-moi un instant les filles, je vais vous chercher mes meilleures pièces."

Montré le bout de ton nez (montrer le bout du nez) - *showed up (to show up)*

Tonton - *Uncle*

Qu'est-ce qui t'amène par ici? - *what brings you here?*

Te souvenir - *remember*

Tu as beaucoup grandi - *you've grown a lot*

Et le vieil homme se retire pour chercher ses **merveilles**. "Il est toujours aussi gentil ton oncle. Et sa boutique est très belle » dit Sophie à Héloïse. Le vieux bijoutier revient **les bras chargés** de boîtes qu'il pose sur le **comptoir** avant de les ouvrir. Sophie est immédiatement attirée par un petit **collier** en or avec un charmant **pendentif serti** de **pierres** blanches. Elle demande au bijoutier si elle peut l'essayer. Le bijoutier accepte et le lui met. Elle court se regarder dans un miroir et elle le trouve magnifique sur elle. Elle lui demande:

Merveilles - *wonders/marvels*

Les bras chargés - *arms full*

Comptoir - *counter*

Collier - *necklace*

Pendentif - *pendant*

Serti - *set*

Pierres - *stones*

"Combien coûte-t-il?

Il est gratuit!

Comment?!

Et bien il coûte 0€. Je vous l'offre.

Mais je ne peux pas accepter. C'est sûrement trop cher.

J'insiste. Prenez-le comme un cadeau pour le mariage de votre frère. Il faut bien fêter la visite de ma nièce et de la petite Sophie.

Merci Monsieur. Merci infiniment."

Heureuse, Sophie quitte le magasin, toujours accompagnée de sa meilleure amie, qu'elle **ne cesse de** remercier. Héloïse la **somme** d'arrêter ses remerciements et de se concentrer sur une idée pour le cadeau de mariage. Sophie lui dit: "Prends-lui une chemise. Il sera content.

> Ne cesse de (ne pas cesser de) - *keeps on (to keep on)*
>
> Somme (sommer) - *orders/tells (to order/to tell)*

Non je veux quelque chose qu'il puisse utiliser avec sa femme, comme **une parure de lit.** Tu en penses quoi?

C'est une bonne idée. Il y a une **grande surface** pas très loin d'ici. On y va?

-D'accord."

> Une parure de lit - *a set of bed linen*
>
> Grande surface - *supermarket*

Les deux amies vont à la grande surface. Et ne tardent pas à trouver la **section réservée au linge de maison.**"Je ne veux pas quelque chose de trop simple."avoue Héloïse."Tu penses quoi de la marron là-bas? C'est la couleur préférée de François. »

> Section réservée au - *section reserved for*
>
> Linge de maison - *household linen*

Elle est jolie. Allons la voir de plus près. Ouais elle est pas mal et ielle a tout ce qu'il faut. Tu penses que les mariés aimeront?

J'en suis certaine. Prends-la.

Ok! Allons la payer et la faire **emballer**."

> Emballer - *to pack*

Le cadeau emballé et payé, les filles quittent le magasin.La journée de shopping se termine pour les deux amies, qui repartent à la station de métro pour rentrer chez elles, les bras chargés de paquets.

VOCABULARY RECAP 4

Amies de longue date - *old friends*

Copines - *friends*

S'amusent (s'amuser) - *are having a good time (to have a good time)*

Comme au bon vieux temps - *like the good old days*

Approche à grands pas (approcher à grands pas) - *is approaching quickly/is just around the corner (to approach quickly/to be just around the corner)*

Porter - *to wear*

Tenue - *outfit*

Fête - *celebration*

Faire honneur à - *to do justice to*

Tailleur - *pant suit*

Mairie - *city hall*

Ça te dit de? - *You up for?/Do you want to?*

Ça serait sympa - *It would be nice*

Fameux - *famous*

Frappe (frapper) - *knocks on (to knock)*

Ai Croisé (avoir croisé) - *bumped into/met/ran into (to bump into/to meet/to run into)*

Patron - *boss*

Prévient (prévenir) - *informs (to inform)*

Caddie - *shopping cart/trolley*

Rayon boulangerie - *bakery department*

Que désirez-vous? - *What would you like?*

Baguettes traditions - *traditional baguettes*

Caisse - *checkout*

Le rayon fruits et légumes - *the fruit and vegetable department*

Faut - *need*

Poivrons - *peppers*

Courgettes - *zucchinis*

Chou - *cabbage*

Barquette - *punnet*

Fraises - *strawberries*

Framboises - *raspberries*

Empaquetés - *wrapped*

Rayon de boucherie - *meat department*

Boisson - *beverage*

Régler leurs achats - *to pay for their purchases*

Caissière - *cashier*

Se charge (se charger) - *takes care (to take care)*

Carte - *card*

Espèces - *cash*

Le tout - *all*

Un bon de réduction - *a discount voucher*

Un ticket de caisse - *a receipt*

Ce n'est pas la peine - *that is not necessary*

Monnaie - *change*

Devancer - *to get ahead of*

Déposer - *to drop off*

Remarquer - *to notice*

Un rabais - *a discount*

Ce n'est pourtant pas - *it's not even*

Soldes - *sales*

Peu importe - *whatever*

Très abordables - *very affordable*

Se presse (se presser) - *rushes (to rush)*

Taille - *size*

Va comme un gant - *fits like a glove (expression meaning, 'It fits perfectly well.')*

À présent - *now*

À peine arrivéees - *shortly after having arrived*

S'emparent (s'emparer) - *seize (to seize)*

Cabines d'essayage - *dressing rooms/fitting rooms*

Les stars - *the stars (celebrities)*

Des habituées - *regular customers*

Chères - *expensive*

À crédit - *on credit*

La moitié du prix à l'achat - *half the price at the point of purchase*

L'autre moitié - *the other half*

Chaussures - *shoes*

Conviennent (convenir) - *suit (to suit)*

Plaisent (plaire) - *appeal to (to appeal to)*

Une idée traverse l'esprit - *an idea crosses the mind*

Allons-y - *Let's do it*

Deux bonnes heures - *a good two hours*

À débattre (débattre) - *discussing (to discuss)*

À table - *on the table*

Bijoux - *jewelry*

Mettre en valeur - *to highlight/to showcase*

Une toile - *a canvas*

À partir - *from*

Je suis impatiente (être impatient) - *I can't wait/I'm eager (to be eager)*

Plus facile à dire qu'à faire - *easier said than done*

Sont coupées (être coupé) - *are interrupted (to be interrupted)*

Avec tout ça - *with all of this*

La spécialité du chef - *Chef's specialty*

Paye la note (payer la note) - *pays the bill (to pay the bill)*

Bonnes affaires - *good deals*

Bijouterie - *jewelry store/jewellery shop*

Centaines - *hundreds*

Bijoutier - *jeweler (jeweller)*

Montré le bout de ton nez (montrer le bout du nez) - *showed up (to show up)*

Tonton - *Uncle*

Qu'est-ce qui t'amène par ici? - *what brings you here?*

Te souvenir - *remember*

Tu as beaucoup grandi - *you've grown a lot*

Merveilles - *wonders/marvels*

Les bras chargés - *arms full*

Comptoir - *counter*

Collier - *necklace*

Pendentif - *pendant*

Serti - *set*

Pierres - *stones*

Ne cesse de (ne pas cesser de) - *keeps on (to keep on)*

Somme (sommer) - *orders/tells (to order/to tell)*

Une parure de lit - *a set of bed linen*

Grande surface - *supermarket*

Section réservée au - *section reserved for*

Linge de maison - *household linen*

Emballer - *to pack*

PRACTICE YOUR WRITING

Write a short summary of this story. Do not paraphrase.

Sample:

Lors d'une soirée, Sophie et Héloïse discutent de quoi mettre pour le mariage du frère de Sophie. Sophie dit à son amie qu'elle doit s'acheter deux tenues et qu'elles doivent aller faire les magasins.

Le weekend suivant, les deux amies se revoient. Avant d'aller faire les magasins, Sophie veut passer au supermarché pour y faire quelques courses. Une liste à la main, les filles finissent leurs courses assez vite et repartent.

Sophie et Héloïse prennent le métro pour aller en ville. Une fois arrivées, les deux amies ne tardent pas à trouver de bonnes affaires : tailleur avec 20 % de réduction, robes achetées à crédits et belles chaussures assorties. Les filles dévalisent les boutiques et dépensent beaucoup.

Elles s'accordent une pause pour le déjeuner avant de reprendre leur shopping.

Après le repas, Héloïse conduit Sophie, qui voulait un bijou chez son oncle bijoutier. Arrivées chez le vieux bijoutier, les filles sont très bien accueillies.

L'oncle d'Héloïse **se plie en quatre** pour ces deux visiteuses au point d'offrir un beau collier en or à Sophie qui refuse au début, mais qui finit par l'accepter.

> Se plie en quatre - ***bends over backwards***

La journée se poursuit par l'achat d'un cadeau de mariage de la part d'Héloïse. Après quelques hésitations, elle choisit d'acheter une parure de lit.

Sophie propose d'aller dans une grande surfacepour en acheter une. Héloïse choisit son cadeau, elle le fait emballer, le paye et les filles repartent. La journée shopping s'achève pour les filles qui repartent chacune avec pleins de paquets.

TRANSLATION

Héloïse et Sophie, amies de longue date, passent toutes les deux la soirée ensemble. Les deux copines s'amusent comme au bon vieux temps. Le mariage du frère de Sophie approche à grands pas. Les jeunes femmes discutent de leurs projets pour ce grand jour:

Heloise and Sophie, long-time friends, spend the whole evening together. The two friends are having a good time like the good old days. Sophie's brother's wedding is approaching quickly. The two young women discuss their plans for the big day.

"Sophie ! Que vas-tu porter à la cérémonie?

Je ne sais pas encore. Surtout qu'il me faut une autre tenue pour la fête.

Deux tenues?! Mais tu peux porter la même robe pour les deux.

Non! Mon François ne se marie qu'une fois dans sa vie. Il faut faire honneur à ça. J'ai pensé à un joli tailleur pour la cérémonie à la mairie et une petite robe pour après. Tu en penses quoi?

Oui. C'est une bonne idée. Tu as déjà acheté tes tenues?

Non. Ça te dit d'aller faire les boutiques samedi prochain?

Ouais. Ça serait sympa. Comme ça je pourrai aussi m'acheter de quoi me mettre pour ce fameux mariage."

"Sophie! What are you going to wear to the ceremony?"

"I don't know yet. I know I will need another outfit for the party."

"Two outfits?! But you can wear the same dress for both."

"No! My Francis only gets married once in his life. I must do it justice. I was thinking of a pretty suit for the ceremony at city hall, and a little dress for after. What do you think of that?"

"Yes. That's a good idea. Have you already bought your outfits?"

"No. Are you up for going shopping next Saturday?"

"Yes. That would be nice. That way I can also buy something to wear for this notorious wedding."

Le week-end suivant, comme prévu, Héloïse frappe à la porte de Sophie. Elle l'attend depuis un bon moment: "C'est maintenant que tu arrives?" Héloïse répond avec un petit sourire: "Pardon. J'ai croisé Myriam et on a discuté un petit peu.

Tu aurais pu faire plus vite que ça. Allez! On y va.

Ok Patron!"

The next weekend, as planned, Heloise knocks on Sophie's door. She waits quite a while for her: "So now you arrive?" Heloise replies with a little smile: "I'm sorry. I came across Myriam and we talked for a bit."

"You could have gone more quickly than that. Let's go!"

"OK boss!"

Une fois dehors, Sophie prévient Héloïse qu'il faut d'abord aller au supermarché. Comme elle était chez ses parents, Sophie n'avait pas fait de course cette semaine. Elles vont donc au supermarché.

Once outside, Sophie informs Heloise that they have to go to the supermarket first. As she'd been at her parents' house, Sophie hadn't done any shopping this week. And so they go to the supermarket.

Sur place, les filles prennent un caddie. Elles entrent dans le magasin. Héloïse demande à Sophie si elle a prévu de quoi acheter. Sophie lui dit qu'elle a préparé une liste de courses. Tout d'abord Sophie veut aller au rayon boulangerie, car il ne lui reste plus de pain. Au rayon boulangerie le vendeur s'adresse aux filles:

When they're there, the girls take a shopping cart. They go into the store. Heloise asks Sophie if she has thought about what to buy. Sophie tells her that she has prepared a shopping list. Right away Sophie wants to go to the bakery section, because she doesn't have any bread. At the bakery section, the seller speaks to the girls:

"Bonjour Mesdemoiselles. Que désirez-vous?

Bonjour Monsieur. Donnez-moi deux baguettes traditions et un petit pain de campagne.

Tout de suite Mademoiselle. Tenez, voilà votre pain et votre ticket. Vous payerez à la caisse en partant du magasin.

Merci Monsieur. Au revoir."

"Hello ladies. What would you like?"

"Hello Sir. I will have two traditional baguettes and a small farmhouse loaf."

"Right away, Miss. Here, here is your bread and your price tag. You pay at the checkout as you leave the store."

"Thank you, Sir. Goodbye."

Après le pain, Héloïse et Sophie se dirigent vers le rayon fruits et légumes. Arrivées au rayon, Héloïse demande:

"Qu'est-ce qu'il te faut maintenant?

1 kilo de pommes de terre, 500 grammes de tomates, 500 grammes d'oignons, quelques poivrons de différentes couleurs, 300 grammes de carottes, 200 grammes de courgettes, 1/2 chou, une barquette de fraises et une de framboises."

Les fruits et légumes empaquetés dans le caddie, Sophie dit à sa copine: "La prochaine étape, c'est le rayon boucherie et boisson." Les deux jeunes femmes finissent leurs courses et vont à la caisse pour régler leurs achats.

After the bread, Heloise and Sophie head over to the fruit and vegetable department. At the department, Heloise asks:

"What do you need now?"

"1 kilo of potatoes, 500 grams of tomatoes, 500 grams of onions, some peppers of different colors, 300 grams of carrots, 200 grams of zucchini, half a cauliflower, one punnet of strawberries and one of raspberries."

With the fruit and vegetables packed in the cart, Sophie says to her friend: "The next step is the meat department and drinks." The two young women finish their shopping and go to the checkout to pay for their purchases.

Sophie présente ses courses à la caissière pendant qu'Héloïse se charge d'aller ranger le caddie à sa place.

"Vous voulez payer par carte ou en espèces?"demande la caissière. Sophie demande à son tour: "C'est combien pour le tout?

Ça fait 42€ mademoiselle.

Très bien, en espèces alors. J'ai aussi un bon de réduction pour les jus de fruits.

D'accord. Donnez-moi le tout. Vous voulez un ticket de caisse?

Non merci. Ce n'est pas la peine.

Comme vous voulez. Voici votre monnaie, à bientôt.

Au revoir Madame."

Sophie presents her shopping to the cashier while Heloise takes care of returning the cart.

"You would like to pay by card or with cash?" asks the cashier. Sophie asks: "How much is it for everything?

"That's 42 euros, Miss."

"Very well, with cash then. I also have a discount coupon for the fruit juices."

"Good. Hand me everything. Would you like a receipt?"

"No, thank you. That's not necessary."

"As you wish. Here is your change, see you again soon."

"Goodbye Madame."

Sophie retrouve Héloïse à la sortie du supermarché à qui elle dit: "Je vais aller déposer mes courses chez moi. Tu veux m'attendre ou venir avec moi?" Héloïse répond:

"Je vais te devancer à la station. Je vais t'attendre là-bas.

Ok ! À tout de suite."

Sophie court déposer ses courses chez elle alors qu'Héloïse part la première à la station de métro. Une dizaine de minutes plus tard, elles se retrouvent et prennent le métro pour aller en ville.

Sophie finds Heloise at the supermarket exit and says to her: "I am going to take my shopping home. Do you want to wait for me, or come with me?" Heloise replies:

"I will go ahead to the station. I will wait for you there."

"Okay! See you shortly!"

Sophie runs to drop off her shopping at home while Heloise leaves for the metro station. About ten minutes later, they meet up again and take the metro to go into town.

Une fois en ville, Sophie décide d'aller acheter le tailleur qu'elle portera à la mairie le jour du mariage de son frère. Héloïse ne tarde pas à remarquer un magasin qui fait un rabais de 20% sur ses tailleurs. "Ce n'est pourtant pas la période des soldes!" dit Sophie. "Peu importe! On y va" lui dit sa copine. Le magasin a énormément de choix et à des prix très abordables. Sophie est attirée par un beau tailleur beige parfait pour un mariage. Elle se presse de demander au vendeur de lui en donner un à sa taille pour qu'elle l'essaye. Le

tailleur lui va comme un gant. Elle décide donc de le prendre sans même en connaître le prix. "Est-il soldé lui aussi?" demande Héloïse, "Oui!" Répond le vendeur. La transaction est rapidement faite. Les filles quittent le premier magasin.

Once in town, Sophie decides to go and buy the suit she will wear to city hall on her brother's wedding day. Heloise is quick to notice a store having a 20% discount on their outfits. "It's not even sale time!" says Sophie. "Doesn't matter! We're going," her friend says to her.

The store has an enormous selection and very affordable prices. Sophie is attracted by a lovely beige suit which is ideal for a wedding. She hurries to ask the assistant for her size so she can try it on. The suit fits her like a glove. She decides to take it without even knowing the price. "Is it in the sale too?" asks Heloise. "Yes!" replies the assistant. The purchase is made quickly. The girls leave the first store.

À présent, elles partent chercher des robes dans leur magasin habituel. À peine arrivées, elles courent voir la vendeuse. Elles lui demandent de lui montrer les tout derniers modèles arrivés. Robe après robe, Sophie et Héloïse s'emparent des cabines d'essayage. Les filles mettent du temps à se décider. Finalement, elles se mettent d'accord sur deux robes rouges presque identiques. Elles seront les stars de la fête avec ces robes. Étant des habituées du magasin, les filles bénéficient de certains privilèges. Comme les deux robes sont chères, les vendeurs laissent les filles acheter les robes à crédit. Néanmoins, les filles préfèrent payer la moitié du prix à l'achat et l'autre moitié quelques semaines plus tard.

Now they leave to look for dresses in their usual store. Barely have they set foot there when they rush toward the assistant. They ask her to show them the latest new arrivals. With dress after dress, Sophie and Heloise took over the fitting rooms. The girls take their time deciding. Finally, they agree on two red dresses that are almost identical. They will be the belles of the ball in these dresses. Being regular customers of the store, the girls benefit from certain privileges. As the two dresses are expensive, the assistant lets the girls buy the dresses on credit. Nevertheless, the girls prefer to pay half the cost of the purchase now, and the other half in a few weeks.

Après l'achat des robes, les filles vont au magasin de chaussures pour dépenser plus. Les filles se mettent à essayer paire après paire. Elles n'arrivent toujours pas à se décider. Au final, aucune des paires de la boutique ne leur convient. Elles décident donc d'aller voir dans un autre magasin un peu plus loin. Les

choses sont bien différentes dans ce deuxième magasin. Toutes les paires plaisent aux filles et elles ont de nouveau du mal à choisir.

Une idée traverse soudain l'esprit d'Héloïse qui ne peut le garder plus longtemps pour elle.

After buying the dresses, the girls go to the shoe store to spend more. The girls begin trying on pair after pair. They just can't decide. In the end, none of the pairs in the boutique suits them. They decide then to go look in another store a little further away. The things are quite different in the second store. All the pairs appeal to the girls and again they have a hard time choosing.

An idea suddenly crosses Heloise's mind and she can't keep to herself any longer.

"Sophie. Et si on mettait nos robes? C'est plus simple pour voir quelle paire de chaussures convient.

Bonne idée! Allons-y."

"Sophie. What if we put on our dresses? It's simpler to see which pair works best."

"Good idea! Let's do it."

Les filles trouvent le moyen de mettre les vêtements qu'elles ont achetés plus tôt, et se mettent à essayer les chaussures du magasin. Après une heure d'essayage, les filles choisissent finalement des paires qui leur vont bien. Elles finissent par quitter le magasin avec deux nouvelles paires de chaussures.

Après deux bonnes heures passées à débattre de chaussures, Sophie et Héloïse s'accordent une pause déjeuner dans un petit restaurant du centre ville. À table, un serveur vient apporter les menus aux deux amies, qui parlent de la suite du programme de leur journée à faire les boutiques : « Qu'est-ce que tu veux acheter de plus Sophie ?

The girls find a way to put on the clothes they bought earlier and set about trying on the store's shoes. After an hour of trying, the girls finally chose pairs that suit them. They finish by leaving the store with two new pairs of shoes.

After spending more than two hours struggling over the shoes, Sophie and Heloise agree to a lunch break in a small restaurant in the center of town. At the table, a waiter brings the menus to the two friends who are talking about the progress of the day's plans of boutique shopping. "What esle do you want to buy Sophie?

-Je veux m'offrir quelques bijoux pour mettre en valeur mes nouveaux vêtements. Et toi?

Et bien… Déjà pas de bijoux pour moi. Mais je veux bien que tu m'aides à choisir un cadeau de mariage pour ton frère.

Mais non. Tu n'as pas besoin de lui faire de cadeau tu fais partie de la famille.

Si. Je ne peux pas me permettre de ne pas faire de cadeau de mariage au frère de ma meilleure amie quand même !

D'accord. Fais comme tu veux. Moi je vais lui offrir une toile de lui et de sa chérie. Je l'ai faite faire par un artiste à partir d'une de leurs photos.

Oh! Quel beau cadeau. Je suis impatiente de voir ce que tu m'offriras le jour de mon mariage.

Trouve-toi un amoureux, après on verra!

Plus facile à dire qu'à faire!"

"I'd like to get myself some jewelry to showcase my new clothes. And you?"

"Ah well… no jewelry for me. But I would really like you to help me choose a wedding gift for your brother."

"No. You don't need to buy him a gift, you're part of the family."

"Yes. I can't not give a wedding gift to the brother of my best friend, all the same!"

"Agreed. As you wish. Me, I am going to give them a canvas of him and his sweetheart. I had it done by an artist from one of their photos."

"Oh! What a beautiful gift. I can't wait to see what you'll offer me on my wedding day."

"Find yourself a lover first, then we'll see!"

"Easier said than done!"

Les deux amies sont coupées par le serveur qui revient chercher leur commande. "Qu'avez-vous choisi?

Avec tout ça, nous n'avons même pas lu le menu.

Vous voulez que je repasse plus tard?

Non. Merci. Apportez-moi la spécialité du chef, la même chose pour mon amie et une bouteille de vin pour accompagner le tout s'il-vous-plaît.

C'est noté!"

The two friends are interrupted by the waiter who comes back to ask for their order. "What have you chosen?

"After all that, we haven't even read the menu."

"Would you like me to come back later?"

"No, thank you. Bring me the Chef's special, the same thing for my friend and a bottle of wine to accompany it all please."

"You've got it!"

Et le serveur repart. Un petit moment plus tard, il revient avec la commande de Sophie et d'Héloïse. Les filles dégustent leur repas en passant un bon moment. Une fois le repas terminé, Sophie, voulant faire plaisir à sa copine, paye la note du restaurant. Et elles repartent chercher d'autres bonnes affaires.

And the waiter leaves again. A short while later he comes back with Sophie and Heloise's order. The girls eat their meal and enjoy their time. Once the meal is finished, Sophie, wanting to please her friend, pays the restaurant bill. And they set off again to look for more good deals.

En route, Héloïse demande à Sophie s´il y a une bijouterie où elle veut faire ses achats. Sophie répond que non et lui demande si elle en connaît une bonne. C'est alors qu'Héloïse lui parle de la bijouterie de son oncle, qui se trouve à quelques centaines de mètres de là où elles sont. Sophie dit à son amie: "Mais oui! Ton oncle est bijoutier. Il a de belles choses?

On route, Heloise asks Sophie if she knows of a jewelry shop where she can make her purchases. Sophie replies no and then asks her if she knows a good one. It's then that Heloise tells her of her uncle's jewelry shop which is located a few hundred meters from where they are. Sophie says to her friend: "Of course! Your uncle is a jeweler. Does he have some beautiful things?

Je ne peux pas te répondre. Ça fait bien longtemps que je ne suis plus allée dans son magasin. Mais vu tous les bijoux que porte ma tante. Je pense pouvoir te dire qu'il a de jolies choses.

Allons voir ça. Ça ne nous coûte rien d'aller voir.

D'accord. Suis-moi, c'est par là."

Sophie suit son amie qui la mène à la boutique de son oncle, qui est bien content de revoir sa nièce: "En voilà une surprise! Ça doit faire plus de cinq ans que tu n'as pas montré le bout de ton nez ici.

Salut Tonton. Comment vas-tu?

Moi, je vais bien merci. Et toi, qu´est-ce qui t'amène par ici?

Je te présente mon amie Sophie. Tu dois te souvenir d'elle. Elle souhaite s'offrir quelques bijoux pour le mariage de son frère.

-Mais oui, bien sûr, la petite Sophie. Tu as beaucoup grandi. Attendez-moi un instant les filles, je vais vous chercher mes meilleures pièces."

"I can't say. It is a long time since I've been to his store. But seeing all the jewelry my aunt wears, I think I can say he has pretty things."

"Let's go see. It doesn't cost us anything to look."

"Agreed. Follow me, it's this way."

Sophie follows her friend who leads her to her uncle's boutique and he's very happy to see his niece again. "Ah what a surprise! It must be more than five years since you've been here."

"Hello Uncle. How are you?"

"Me, I am well, thank you. And you, what brings you here?"

"Can I present my friend Sophie to you. You must remember her. She wants to get herself some jewelry for her brother's wedding."

"But yes, of course, little Sophie. You have grown a lot. Wait for me one moment girls, I am going to look for my best pieces for you."

Et le vieil homme se retire pour chercher ses merveilles. "Il est toujours aussi gentil ton oncle. Et sa boutique est très belle » dit Sophie à Héloïse. Le vieux bijoutier revient les bras chargés de boîtes qu'il pose sur le comptoir avant de les ouvrir. Sophie est immédiatement attirée par un petit collier en or avec un charmant pendentif serti de pierres blanches. Elle demande au bijoutier si elle peut l'essayer. Le bijoutier accepte et le lui met. Elle court se regarder dans un miroir et elle le trouve magnifique sur elle. Elle lui demande:

And the old man goes out to look for his marvels. "He is always so nice, your uncle. And his boutique is very beautiful," says Sophie to Heloise. The old jeweler comes back, his arms full of boxes that he places on the counter before opening them. Sophie is immediately attracted to a small gold necklace with a delightful pendant set with white stones. She asks the jeweler if she can try it on. The jeweler agrees and puts it on her. She runs to look at herself in the mirror and thinks it looks magnificent on her. She asks him:

"Combien coûte-t-il?

Il est gratuit!

Comment?!

Et bien il coûte 0€. Je vous l'offre.

Mais je ne peux pas accepter. C'est sûrement trop cher.

J'insiste. Prenez-le comme un cadeau pour le mariage de votre frère. Il faut bien fêter la visite de ma nièce et de la petite Sophie.

Merci Monsieur. Merci infiniment."

Heureuse, Sophie quitte le magasin, toujours accompagnée de sa meilleure amie, qu'elle ne cesse de remercier. Héloïse la somme d'arrêter ses remerciements et de se concentrer sur une idée pour le cadeau de mariage. Sophie lui dit: "Prends-lui une chemise. Il sera content.

"How much does it cost?"

"It is free!"

"What?!"

"Well, it costs zero euros. I am giving it to you."

"But I can't accept it. It is surely too expensive."

"I insist. Take it as a gift for your brother's wedding. I must celebrate the visit of my niece and her little Sophie."

"Thank you, Sir. Thank you so very much."

Happy, Sophie leaves the store, her best friend always by her side and who she keeps on thanking. Heloise tells her to stop with the thanks and to concentrate on an idea for a wedding gift. Sophie tells her: "Take him a shirt. He'll be happy."

Non je veux quelque chose qu'il puisse utiliser avec sa femme, comme une parure de lit. Tu en penses quoi?

C'est une bonne idée. Il y a une grande surface pas très loin d'ici. On y va?

-D'accord."

"No, I want something that he can use with his wife, like some bed linen. What do you think of that?"

"That's a good idea. There is a large department store not too far from here. Shall we go? »

"Agreed."

Les deux amies vont à la grande surface. Et ne tardent pas à trouver la section réservée au linge de maison."Je ne veux pas quelque chose de trop simple."avoue Héloïse."Tu penses quoi de la marron là-bas? C'est la couleur préférée de François. »

The two friends go to the department store. They quickly find the section reserved for household linen. "I don't want something too simple," shares Heloise. "What do you think of that brown over there? That's Francis's favorite color."

Elle est jolie. Allons la voir de plus près. Ouais elle est pas mal et il a tout ce qu'il faut. Tu penses que les mariés aimeront?

J'en suis certaine. Prends-la.

Ok! Allons la payer et la faire emballer."

"It's pretty. Let's look at it closer. Yes, it's not bad and there's everything you need. Do you think the married couple will like it?"

"I am certain. Take it."

"Okay! Let's go pay and have them pack it up.

Le cadeau emballé et payé, les filles quittent le magasin.La journée de shopping se termine pour les deux amies, qui repartent à la station de métro pour rentrer chez elles, les bras chargés de paquets.

The gift packaged and paid for, the girls leave the store. The shopping day ends for the two friends who set off for the train station again to go home, their arms full of packages.

HISTOIRE 5/STORY 5:
L'AMOUR SAUVEUR

"Je serai toujours **à tes côtés**!""Je t'aimerai pour toujours! Tu es l'amour de ma vie!"
Ces phrases **reviennent à l'esprit** d'Arnaud, elles lui ont toutes été dites par son
ancienne petite amie.

À tes côtés - *by your side*

Reviennent à l'esprit (revenir à l'esprit) - *come to mind (to come to mind)*

Voilà maintenant cinq ans que son amour **a perdu la vie** dans un terrible **accident de la route**. Même après cinq ans de séparation, Arnaud n'a jamais cessé de l'aimer. **Négligeant** sa vie sociale, Arnaud vit dans le souvenir des **belles années** qu'il a passées avec l'amour de sa vie.

A perdu la vie (perdre la vie) - *lost her life (to lose one's life/to die)*	
Accident de la route - *road accident*	
Négligeant - *neglecting*	
Belles années - *good times*	

Hormis sa famille et son ami **intime** Olivier, Arnaud ne voit plus personne. Sa vie est un **cercle réduit** entre son travail et chez lui. Olivier ne ménage pas ses efforts pour sortir son ami de ce **malheureux état**: **rendez-vous arrangés**, thérapies, **sorties forcées**… **Mais rien n'y fait**. Le sourire d'Arnaud semble être avoir disparu pour toujours.

Hormis - *except for/apart from*	
Intime - *close friend*	
Cercle réduit - *reduced/restricted circle*	
Malheureux état - *miserable state*	
Rendez-vous arrangés - *arranged meetings*	
Sorties forcés - *forced hangouts*	
Mais rien n'y fait - *but it's no use*	

Un autre samedi soir, Olivier va chez Arnaud pour essayer de le faire **sortir de sa bulle.** Arrivé chez Arnaud, Olivier y trouve Lisa, la petite sœur d'Arnaud. Elle aussi se donne beaucoup de mal pour aider son frère. Assis sans rien faire comme à son habitude, Arnaud **ne prête pas** beaucoup attention à ses visiteurs. Lisa s'occupe d'accueillir Olivier :

Sortir de sa bulle - *to become widespread*	
Ne prête pas (ne pas prêter attention) - *does not pay attention (to not pay attention)*	

"Bonsoir Olivier. Comment vas-tu?

-Ça va merci. Et toi, ça va?

-Oui, ça va. La semaine était un peu longue mais bon j'y suis habituée.

-Comment va-t-il?

-**Toujours** au même point."

Olivier se dirige vers son ami en lui disant: "Coucou Arnaud! Alors? **La forme**?

> Toujours au même point. - *haven't changed*
>
> La forme? - *Are you okay?*

Salut Olivier! **Ça peut aller**. Et toi?

Ça va super. Alors, prêt à passer une bonne soirée?

Encore un plan pour me traîner dehors de force?

Tout à fait **mon cher**. Tu es prêt?

Je suppose que je n'ai pas le choix. **Sinon** Lisa et toi vous allez me **harceler** toute la soirée.

-Ah! Tu vois? Tu peux être malin quand tu veux bien. Lisa, tu te prépares, on y va?"

> Ça peut aller - *it's okay*
>
> Mon cher - *my dear*
>
> Sinon - *otherwise*
>
> Harceler - *to harass*

Tout de suite après, tout le monde prend sa **veste** et se retrouve dehors. Là, Arnaud demande à Olivier:

"Où est-ce qu'on va? J'espère que tu ne vas pas m'emmener dans un endroit trop **bruyant**.

Non, je t'emmène dans un endroit très spécial.

Ah bon! Où ça?!

C'est une surprise!"

En effet, pour aider **efficacement** son meilleur ami, Olivier a prévu quelque chose de radical, quelque chose à quoi laquelle personne **ne s'attend**. Après un petit **trajet** en voiture, Olivier s'arrête et demande à tout le monde de descendre. "Nous y voilà!" Annonce Olivier. "Où sommes-nous?!" demande Arnaud. "Regarde en face!" Lui répond Olivier. "**Orphelinat** st. Joseph! Qu'est-ce qu'on va faire ici?

> Veste - *jacket*

Bruyant - *noisy*	
Efficacement - *efficiently*	
Ne s'attend - *no one is expecting*	
Trajet - *ride*	
Orphelinat - *orphanage*	

Lisa, tu peux aller chercher les sacs qu'il y a dans le **coffre**?

Oui!

Nous sommes ici ce soir pour du **bénévolat**. Une nouvelle amie à moi m'en a parlé, elle travaille ici. Je me suis dit que ça serait mieux de passer la soirée à aider les autres plutôt que d'aller **s'amuser** entre nous.

Olivier ! Qu'as-tu **derrière la tête**? Je te connais depuis toujours et faire de bonnes actions ne te ressemble pas.

Ah! Tu me **vexes** en disant ça! C'est juste que mon amie, Louise, avait besoin d'**un coup de main**. En plus ça me permet de te sortir de ton appartement. J'ai apporté quelques **jouets**, ça fera plaisir aux enfants. Allons-y."

Coffre - *trunk*	
Bénévolat - *charity work/volunteering*	
S'amuser - *to have fun*	
Derrière la tête - *in mind*	
Vexes (vexer) - *offend/hurt (to hurt)*	
Un coup de main - *some help*	
Jouets - *toys*	

Arnaud, n'ayant pas trop le choix, **s'exécute**. Une fois à l'intérieur de l'orphelinat, les enfants courent **accueillir** les visiteurs venus les voir. Lisa s'abaisse pour leur parler: "Bonsoir les enfants! On a plein de jouets et de **friandises** pour vous. On espère que vous aimez bien ça." Les enfants aux anges font un **vacarme** énorme.

S'exécute (s'exécuter) - *complies (to comply)*	
Accueillir - *to welcome*	
Friandises - *candies/sweets*	
Vacarme - *racket*	

A ce moment, Louise, l'amie d'Olivier, court voir ce qui se passe:

-"Qu'est-ce qu'il y a les enfants? Pourquoi vous faites autant de bruit?"

Les trois visiteurs **lèvent** la tête pour **apercevoir** une magnifique jeune femme. Elle avait de longs cheveux **raides** d'un **brun profond**, de grands yeux **noisettes** clairs et **lumineux**, elle était mince et grande comme il le fallait. Elle avait un style vestimentaire simple et portait un beau **tablier** rose.

Lèvent (lever) - *raise (to raise)*

Apercevoir - *to notice*

Raides - *straight*

Brun profound - *deep brown*

Noisettes (adjective) - *hazel*

Lumineux - *bright*

Tablier - *apron*

En voyant qui étaient venus, Louise **affiche un grand sourire**, **ce qui en ajoute beaucoup à son charme**. Elle avance vers ses visiteurs et leur dit:

Affiche un grand sourire (afficher un grand sourire) - *displays/shows a big smile (to show a big smile)*

Ce qui en ajoute beaucoup à son charme - *adds a lot to her charm*

"Bonsoir tout le monde. Comment allez-vous? Ce sont tes amis, Olivier?

Salut Louise. Oui, ce sont mes amis. Voilà Arnaud et elle, c'est sa petite sœur Lisa.

Enchantée les amis. Bienvenue à St. Joseph."

La jeune femme **se met à faire visiter** les lieux aux trois visiteurs. Là, Arnaud interpelle Olivier **en** lui **chuchotant**: "Je comprends maintenant d'où te vient cette **soudaine** envie de faire de bonnes actions! Ton but c'est de charmer la belle Louise!

Se met à faire visiter (se mettre à) - *begins giving them a tour of (to start/to begin)*

En chuchotant - *by whispering*

Soudaine - *sudden*

Mon pauvre Arnaud! Ton raisonnement est complètement faux. Il y a bien une raison pour laquelle nous sommes venus ce soir. Mais je te la dirai plus tard."

La soirée se passe bien dans cet orphelinat, les enfants, qui sont très énergiques, ne **manquent** pas d'imagination pour jouer avec leurs visiteurs. Même Arnaud **s'implique du mieux qu'il le peut**.

La fin de la soirée arrive, les trois amis doivent partir et les enfants doivent aller au lit. Les enfants ne veulent pas laisser leurs **bienfaiteurs** partir.

Manquent (manquer) - ***miss (to miss)***	
S'implique - ***involves himself***	
Du mieux qu'il le peut. - ***as best he can***	
Bienfaiteurs - ***benefactors***	

Et au moment de quitter l'orphelinat, un petit garçon pleurant, court vers Arnaud et le **serre** contre lui en disant: "Tu ne veux pas rester avec nous?" Arnaud **s'agenouille** pour **se mettre à la taille du** petit garçon et lui dit **en** lui **souriant**: "Ne t'inquiète pas mon petit. Nous reviendrons te voir."

Serre (serrer) - ***holds (to hold)***	
S'agenouille (s'agenouiller) - ***kneels down (to kneel down)***	
Se mettre à la taille du - ***to get to the height of***	
En souriant - ***while smiling***	

Lisa et Olivier **s'étonnent**, Arnaud **a souri**! Lui qui ne l'avait pas fait depuis cinq ans. Toute émue, Lisa court vers son frère et s'agenouille à son tour. Elle serre son grand frère et le petit garçon dans ses bras en disant: "Oui nous reviendrons bientôt. Et même très souvent." Quelques minutes après, les amis s'en vont.

S'étonnent (s'étonner) - ***are surprised (to be surprised)***	
A souri (sourire) - ***smiled (to smile)***	

En voiture, Arnaud **affiche une mine** plus **sereine que d'habitude**. Et il demande soudainement à Olivier: "Maintenant qu'on est parti de l'orphelinat, tu peux me dire quelle est la raison qui t'a poussé pousséeà **faire le bien tout à coup**?

Affiche une mine (afficher une mine) - ***shows a look (to show a look)***	
Sereine - ***relaxed/chilled***	
Que d'habitude - ***than usual***	
Faire le bien - ***to do good deeds***	
Tout à coup - ***all of a sudden***	

C'est Louise et toi en même temps!

Hein?! Comment ça?

Et bien Louise **n'en a pas l'air comme ça** mais elle est **veuve**. Elle a perdu son mari et sa fille dans un accident de voiture, il y a trois ans! Tout comme toi elle a beaucoup souffert. Mais elle, elle **s'en est remise**.

Attends, tu essayes de me manipuler pour ça?! Je n'irai plus jamais dans cet endroit. Et je ne veux rien savoir de cette femme!

Si on y retournera. N'oublie pas ta promesse au petit garçon. De plus je ne te laisse pas le choix."

N'en a pas l'air comme ça (avoir l'air) - *may not look like it*
(to look/to seem)

Veuve - *widow*

S'en est remise (se remettre) - *got over it (to get over)*

Olivier, étant **plus âgé** qu'Arnaud, a toujours **fait figure de** grand frère pour lui. Arnaud lui voue une grande admiration et beaucoup de respect. C'est pour ça qu'il lui **obéit presque au doigt et à l'œil**.

Plus âgé - *older*

Fait figure de - *is seen as/is thought of as*
(to be seen as/to be thought of as)

Obéit presque au doigt et à l'œil (obéir) - *obeys his almost every order*
(to obey)

Le week-end se termine normalement pour Arnaud. Et une nouvelle semaine débute pour lui. Il passe beaucoup de temps à penser à l'expérience de l'orphelinat et à ce que lui a dit Olivier sur Louise. Arnaud a du mal à s'imaginer comment on peut peut-on vivre normalement après **la perte** de sa famille.

La perte - *the loss*

Les jours passent et Arnaud ne cesse de penser à Louise et à l'orphelinat. Il arrive pour une fois à penser à autre chose qu'à ses **peines**. Après beaucoup de réflexions, Arnaud décide d'aller voir Louise. Il prend la décision d'aller voir une femme qu'il **vient tout juste de** connaître pour lui parler de ce qu'il ressent.

Peines - *sorrows*

Vient tout juste de (venir tout juste de) - *has just (to have just)*

Durant la pause de midi, Arnaud prend un bus qui le mène à l'orphelinat St. Joseph. Une fois sur place, Arnaud **met du temps** avant de frapper à la porte. C'est Louise qui lui ouvre la porte, toujours avec le même sourire **radieux**: "Bonjour! Entrez vite. Il fait froid dehors." A l'intérieur, Arnaud **remarque** qu'il n y a aucun enfant et demande:

Met du temps (mettre du temps) - *takes time (to take time)*	
Radieux - *radiant*	
Remarque (remarquer) - *notices (to notice)*	

"Les enfants ne sont pas là?

Non les plus grands sont à l'école et les plus petits font leur sieste.

D'accord. Excusez-moi de venir les mains vides. Dans la hâte, je n'ai pas pensé à apporter quelque chose pour les petits.

Ce n'est pas grave les visites font beaucoup plaisir aux enfants. Ils vous ont déjà adoptés. Ils me demandent tout le temps. Quand est-ce que vous allez revenir les voir?

Très bien alors. Nous viendrons les voir souvent. En fait Louise, c'est vous que je suis venu voir aujourd'hui.

Ah bon?! Que puis-je faire pour vous?

J'espère que ça ne vous **fâchera** pas. Mais grâce à Olivier, je connais votre histoire et celle de la perte de votre famille.

Non. Ça ne me vexe pas du tout. Je connais votre histoire à vous aussi. Je suis vraiment désolée. C'est terrible de perdre quelqu'un qu'on aime. Je sais ce que c'est.

Justement Louise. Comment faites-vous pour survivre? **Je n'y arrive pas**. Aidez-moi s'il vous plaît.

Ce n'est pas simple mais le temps fait bien les choses. En plus, avec mon travail, je n'ai pas le droit de **cesser de vivre**. Ces enfants, eux non plus, n'ont plus leurs familles. Je n'ai pas le droit de les **abandonner**.

Je vois!

Vous voulez vous en sortir? Venez ici aussi souvent. Je vous guiderai. Faites-moi confiance!"

Fâchera (fâcher) - *will anger (to anger)*	
Je n'y arrive pas - *I can't do it*	
Cesser de vivre - *to stop living*	

Abandonner - *to abandon/to give up on*

Vous voulez-vous en sortir? - *Do you want to manage this situation well?*

Les mois **suivants**, il y aeu de nombreuses visites à l'orphelinat de la part d'Arnaud, d'Olivier et parfois de Lisa. À chaque fois, les enfants les attendent avec impatience devant la porte. Peu à peu la magie de l'**enfance** fait **reprendre goût à la vie** à Arnaud, qui **renoue des liens** avec le rire et la joie. Il **se familiarise** avec le bonheur que lui donnent ces petits enfants.

Suivants - *following*

Enfance - *childhood*

Reprendre goût à la vie - *to rediscover a taste for life*

Renoue des liens (renouer les liens) - *renews the ties (to renew the ties)*

Se familiarise - *familiarizes (to familiarize with)*

Par la même occasion, Arnaud *renoue avec des sentiments oubliés*. Eh oui ! La belle Louise ne le laisse pas indifférent. Se disant qu'il ne peut plus **se laisser aller** et qu'il doit se relever, il fait de son mieux pour **nouer des liens forts** avec elle. Il l'invite même à **sortir** avec lui : une première fois au restaurant, la seconde fois au cinéma et ainsi de suite. Les mois passent et les deux amoureux ne se quittent plus.

Renoue avec des sentiments oubliés (renouer avec des sentiments oubliés) - *reconnects with forgotten feelings (to catch up/reconnect with forgotten feelings)*

Se laisser aller - *to go with the flow*

Nouer des liens forts - *to develop close ties/to build strong ties*

Sortir - *to go out*

Arnaud, sachant que la vie est trop courte, décide de **demander** Louise **en mariage**. Il en parle à sa famille et ses amis. Ils **accueillent la nouvelle avec joie**. Il décide donc d'inviter Louise à sortir pour lui faire sa demande. Il prévoit **un cadre** très romantique avec un dîner **en plein air** et un violoniste.

Demander en mariage - *to propose*

Accueillent la nouvelle avec joie (accueillir la nouvelle) - *greet the news with joy (to greet the news)*

Un cadre - *a setting*

En plein air - *outdoors*

Vers la fin du dîner, Arnaud invite Louise à danser. Elle accepte. Durant cette danse, Arnaud lui parle et lui dit: "Tu as le pouvoir de me faire **revenir à la vie**. Aujourd'hui, grâce à toi, je crois en la vie. Je crois en notre amour. Je t'aime tellement ma Louise. Je ne veux pas me séparer de toi. Je ne veux pas vivre loin de toi. **C'est pour cela que**…"

Revenir à la vie - *to come back to life*

C'est pour cela que - *that is why*

À ce moment précis le violoniste change de musique. Il joue **l'air préféré** de Louise, pendant qu'Arnaud s'agenouille et sort une petite boîte ronde rouge. Il regarde Louise et lui dit: "Louise! Ma belle Louise. Tu es mon **ange sauveur** et pour ça je ne peux plus vivre loin de toi. Veux-tu m'épouser?" Louise, **en larmes** et toujours avec le même sourire **radieux** lui répond "Oui! Oui! Oui!"

L'air préféré - *the favorite tune*

Ange sauveur - *guardian angel*

En larmes - *in tears*

Radieux - *bright/radiant*

Olivier, qui n'a jamais abandonné son copain, a réussi le **pari fou** de le **libérer de l'emprise du passé**. Et depuis Arnaud et Louise coulent courent des jours heureux dans l'orphelinat St. Joseph entourés de leurs nombreux enfants.

Pari fou - *crazy bet*

Libérer de l'emprise du passé. - *to free from the grip of the past*

Courent des jours heureux (courir des jours heureux) - are enjoying happy days (to enjoy happy days)

VOCABULARY RECAP 5

À tes côtés - **by your side**

Reviennent à l'esprit (revenir à l'esprit) - **come to mind (to come to mind)**

A perdu la vie (perdre la vie) - **lost her life (to lose one's life)**

Accident de la route - **road accident**

Négligeant - **neglecting**

Belles années - **good times**

Hormis - **except for/apart from**

Intime - **close friend**

Cercle réduit - **reduced/restricted circle**

Malheureux état - **miserable state**

Rendez-vous arrangés - **arranged meetings**

Sorties forcées - **forced hangouts**

Mais rien n'y fait - **but it's no use**

Sortir de sa bulle - **to become widespread**

Ne prête pas attention (ne pas prêter attention) - **does not pay attention (to not pay attention)**

Toujours au même point. - **haven't changed**

La forme? - **Are you okay?**

Ça peut aller - **it's okay**

Mon cher - **my dear**

Sinon - **otherwise**

Harceler - **to harass**

Veste - **jacket**

Bruyant - **noisy**

Efficacement - **efficiently**

Ne s'attend - **no one is expecting**

Trajet - **ride**

Orphelinat - **orphanage**

Coffre - **trunk**

Bénévolat - **charity work/volunteering**

S'amuser - *to have fun*

Derrière la tête - *in mind*

Vexes (vexer) - *offend/hurt (to hurt)*

Un coup de main - *some help*

Jouets - *toys*

S'exécute (s'exécuter) - *complies (to comply)*

Accueillir - *to welcome*

Friandises - *candies/sweets*

Vacarme - *racket*

Lèvent (lever) - *raise (to raise)*

Apercevoir - *to notice*

Raides - *straight*

Brun profound - *deep brown*

Noisettes (adjective) - *hazel*

Lumineux - *bright*

Tablier - *apron*

Affiche un grand sourire (afficher un grand sourire) - *displays/shows a big smile (to show a big smile)*

Ce qui en ajoute beaucoup à son charme - *adds a lot to her charm*

Se met à faire visiter (se mettre à) - *begins giving them a tour of (to start/to begin)*

En chuchotant - *by whispering*

Soudaine - *sudden*

Manquent (manquer) - *lack (to lack)*

S'implique - *involves himself*

Du mieux qu'il le peut. - *as best he can*

Bienfaiteurs - *benefactors*

Serre (serrer) - *holds (to hold)*

S'agenouille (s'agenouiller) - *kneels down (to kneel down)*

Se mettre à la taille du - *to get to the height of*

En souriant - *while smiling*

S'étonnent (s'étonner) - *are surprised (to be surprised)*

A souri (sourire) - **smiled (to smile)**

Affiche une mine (afficher une mine) - **shows a look (to show a look)**

Sereine - **relaxed/chilled**

Que d'habitude - **than usual**

Faire le bien - **to do good deeds**

Tout à coup - **all of a sudden**

N'en a pas l'air comme ça (avoir l'air) - **may not look like it (to look/to seem)**

Veuve - **widow**

S'en est remise (se remettre) - **got over it (to get over)**

Plus âgé - **older**

Fait figure de - **is seen as/is thought of as (to be seen as/to be thought of as)**

Obéit presque au doigt et à l'œil (obéir) - **obeys his almost every order (to obey)**

La perte - **the loss**

Peines - **sorrows**

Vient tout juste de (venir tout juste de) - **has just (to have just)**

Met du temps (mettre du temps) - **takes time (to take time)**

Radieux - **radiant**

Remarque (remarquer) - **notices (to notice)**

Fâchera (fâcher) - **will anger (to anger)**

Je n'y arrive pas - **I can't do it**

Cesser de vivre - **to stop living**

Abandonner - **to abandon/to give up on**

Vous voulez-vous en sortir? - **Do you want to manage this situation well?**

Qui ont suivit - **thereafter**

Enfance - **childhood**

Reprendre goût à la vie - **to rediscover a taste for life**

Renoue des liens (renouer les liens) - **renews the ties (to renew the ties)**

Se familiarise - **familiarizes (to familiarize with)**

Renoue avec des sentiments oubliés (renouer avec des sentiments oubliés) - *reconnects with forgotten feelings (to catch up/reconnect with forgotten feelings)*

Se laisser aller - *to go with the flow*

Nouer des liens forts - *to develop close ties/to build strong ties*

Sortir - *to go out*

Demander en mariage - *to propose*

Accueillent la nouvelle avec joie (accueillir la nouvelle) - *greet the news with joy (to greet the news)*

Un cadre - *a setting*

En plein air - *outdoors*

Revenir à la vie - *to come back to life*

C'est pour cela que - *that is why*

L'air préféré - *the favorite tune*

Ange sauveur - *guardian angel*

En larmes - *in tears*

Radieux - *bright/radiant*

Pari fou - *crazy bet*

Libérer de l'emprise du passé. - *to free from the grip of the past*

Courent des jours heureux (courir des jours heureux) - *are enjoying happy days (to enjoy happy days)*

PRACTICE YOUR WRITING

Write a short summary of this story. Do not paraphrase.

Sample:

Cinq ans sont passés depuis qu'Arnaud a perdu l'amour de sa vie dans un terrible accident de la route. Arnaud n'arrive toujours pas à s'en remettre même après cinq années. Prisonnier du passé, rien ne lui fait oublier sa douleur.

Un soir, alors qu'Arnaud passe encore une soirée à ne rien faire,il reçoit la visite de Lisa sa petite sœur et d'Olivier son meilleur ami. Olivier est venu dans le but de faire sortir son ami. Pour ce soir, Olivier a une petite surprise pour son ami. Il l'emmène à l'orphelinat où travaille son amie Louise.

La visite de ces trois personnes fait énormément plaisir aux enfants. Un petit garçon arrive même à **arracher un sourire** à Arnaud qui n'avait pas souri depuis bien des années. En route vers la maison, Olivier avoue à Arnaud que s´ils sont allés à l'orphelinat ce soir c'est parce que Louise a aussi perdu son mari et même sa fille dans un accident de voiture.

> Arracher un sourire - ***to get a smile out of/to force a smile out of***

Le lendemain, l'histoire de Louise hante les pensées d'Arnaud qui finit par repartir la voir et en discuter. Arrivé à l'orphelinat, Arnaud raconte tout à Louise qui est déjà au courant de l'histoire. Louise lui dit que c'est grâce à ses orphelins qu'elle a pu s'en sortir. La discussion se termine par Louise qui propose à Arnaud de l'aider.

Les mois suivants, Arnaud va mieux et son intérêt grandit pour Louise. Ils tombent amoureux l'un de l'autre et deviennent inséparables. Arnaud, ne voulant plus gâcher sa vie, décide de demander la main de Louise. Il l'invite à dîner un soir dans un cadre très romantique avec un dîner à la belleétoile et un violoniste. Arnaud et Louise se mettent à danser et **à l'issue** de cette danse, Arnaud fait sa demande dans **les règles de l'art**. Louise accepte. Depuis, les deux **âmes sœurs** passent leur temps dans l'orphelinat.

> À l'issue - ***at the end***
> Les règles de l'art - ***the proper way***
> Âmes sœurs - ***soulmates***

TRANSLATION

"Je serai toujours à tes côtés!""Je t'aimerai pour toujours! Tu es l'amour de ma vie!" Ces phrases reviennent à l'esprit d'Arnaud, elles lui ont toutes été dites par son ancienne petite amie.

"I will always be by your side!" "I will love you forever! You are the love of my life!" These statements come to mind for Arnold, they were all said to him by his former girlfriend.

Voilà maintenant cinq ans que son amour a perdu la vie dans un terrible accident de la route. Même après cinq ans de séparation, Arnaud n'a jamais cessé de l'aimer. Négligeant sa vie sociale, Arnaud vit dans le souvenir des belles années qu'il a passées avec l'amour de sa vie.

And now it's five years since his lover lost her life in a terrible road accident. Even after five years apart, Arnold has never stopped loving her. Neglecting his social life, Arnold lives with the memories of the good times he spent with the love of his life.

Hormis sa famille et son ami intime Olivier, Arnaud ne voit plus personne. Sa vie est un cercle réduit entre son travail et chez lui. Olivier ne ménage pas ses efforts pour sortir son ami de ce malheureux état: rendez-vous arrangés, thérapies, sorties forcées… Mais rien n'y fait. Le sourire d'Arnaud semble être disparu pour toujours.

Except for his family and his close friend Oliver, Arnold no longer sees anyone. His life is a circle reduced to his work and his home. Oliver keeps on trying to get his friend out of this unhappy state: arranged meetings, therapies, forced outings… but it's no use. Arnold's smile seems to have disappeared forever.

Un autre samedi soir, Olivier va chez Arnaud pour essayer de le faire sortir de sa bulle. Arrivé chez Arnaud, Olivier y trouve Lisa, la petite sœur d'Arnaud. Elle aussi se donne beaucoup de mal pour aider son frère. Assis sans rien faire comme à son habitude, Arnaud ne prête pas beaucoup attention à ses visiteurs. Lisa s'occupe d'accueillir Olivier :

One Saturday evening, Oliver goes to Arnold's house to try to help him come out of his bubble. Arriving at Arnold's house, Oliver finds Arnold's little sister, Lisa.

She also tries hard to help her brother. Sitting and not doing anything as usual, Arnold doesn't pay attention to his visitors. Lisa takes care of welcoming Oliver.

"Bonsoir Olivier. Comment vas-tu?

-Ça va merci. Et toi, ça va?

-Oui, ça va. La semaine était un peu longue mais bon j'y suis habituée.

-Comment va-t-il?

-Toujours au même point."

Olivier se dirige vers son ami en lui disant: "Coucou Arnaud! Alors? La forme?

"Hello Oliver. How are you?"

"I'm doing okay, thanks. And how are you doing?"

"Yes, I'm fine. It's been a long but I suppose I'm used to it."

"How's he doing?"

"No change."

Oliver moves toward his friend and says: "Hey there, Arnold! So? Are you okay?

Salut Olivier! Ça peut aller. Et toi?

Ça va super. Alors, prêt à passer une bonne soirée?

Encore un plan pour me traîner dehors de force?

Tout à fait mon cher. Tu es prêt?

Je suppose que je n'ai pas le choix. Sinon Lisa et toi vous allez me harceler toute la soirée.

-Ah! Tu vois? Tu peux être malin quand tu veux bien. Lisa, tu te prépares, on y va?"

"Hi Oliver! It's okay. And you?"

"Super. So, ready to have a good evening?"

"Another plan to force me to go out?"

"Exactly, mate. Are you ready?"

"I suppose I have no choice. Otherwise you and Lisa will hassle me all evening."

"Ah! You see? You can be a wise guy when you want to be. Lisa, are you ready, shall we go?"

Tout de suite après, tout le monde prend sa veste et se retrouve dehors. Là, Arnaud demande à Olivier:

"Où est-ce qu'on va? J'espère que tu ne vas pas m'emmener dans un endroit trop bruyant.

Non, je t'emmène dans un endroit très spécial.

Ah bon! Où ça?!

C'est une surprise!"

En effet, pour aider efficacement son meilleur ami, Olivier a prévu quelque chose de radical, quelque chose à laquelle personne ne s'attend. Après un petit trajet en voiture, Olivier s'arrête et demande à tout le monde de descendre. "Nous y voilà!" Annonce Olivier. "Où sommes-nous?!" demande Arnaud. "Regarde en face!" Lui répond Olivier. "Orphelinat st. Joseph! Qu'est-ce qu'on va faire ici?

So straightaway, everyone grabs their jacket and meets outside. There, Arnold asks Oliver:

"Where are we going? I hope you're not going to take me somewhere really noisy."

"No, I'm taking you to a very special place."

"Ah, really! Where's that?!"

"It's a surprise!"

Actually, to help his best friend effectively, Oliver has planned something quite radical, something no one would have expected. After a short car ride, Oliver stops and asks everyone to get out. "We're here!" announces Oliver. "Where are we?!" asks Arnold. "Look straight ahead!" Oliver tells him. "St. Joseph's orphanage! What are we doing here?"

Lisa, tu peux aller chercher les sacs qu'il y a dans le coffre?

Oui!

Nous sommes ici ce soir pour du bénévolat. Une nouvelle amie à moi m'en a parlé, elle travaille ici. Je me suis dit que ça serait mieux de passer la soirée à aider les autres plutôt que d'aller s'amuser entre nous.

Olivier ! Qu'as- tu derrière la tête? Je te connais depuis toujours et faire de bonnes actions ne te ressemble pas.

Ah! Tu me vexes en disant ça! C'est juste que mon amie, Louise, avait besoin d'un coup de main. En plus ça me permet de te sortir de ton appartement. J'ai apporté quelques jouets, ça fera plaisir aux enfants. Allons-y."

"Lisa, can you go get the bags that are in the trunk?"

"Yes!"

"We're volunteering here tonight. A new friend of mine spoke about it, she works here. I told myself it would be better to spend the evening helping others rather than going out enjoying ourselves."

"Oliver! What's going on in your head? I've known you forever and doing good works doesn't seem like you."

"Ah! You hurt me by saying that! It's just that my friend Louise needed a helping hand. Besides this lets me get you out of your apartment. I brought some toys, that will please the children. Let's go."

Arnaud, n'ayant pas trop le choix, s'exécute. Une fois à l'intérieur de l'orphelinat, les enfants courent accueillir les visiteurs venus les voir. Lisa s'abaisse pour leur parler: "Bonsoir les enfants! On a plein de jouets et de friandises pour vous. On espère que vous aimez bien ça." Les enfants aux anges font un vacarme énorme.

Arnold, not having much choice, goes along with it. Once inside the orphanage, the children run to welcome the visitors who've come to see them. Lisa stoops to speak to them: "Hello children! We have plenty of toys and sweets for you. We hope you like that." The children make an almighty racket.

A ce moment, Louise, l'amie d'Olivier, court voir ce qui se passe:

-"Qu'est-ce qu'il y a les enfants? Pourquoi vous faites autant de bruit?"

Les trois visiteurs lèvent la tête pour apercevoir une magnifique jeune femme. Elle avait de longs cheveux raides d'un brun profond, de grands yeux noisettes clairs et lumineux, elle était mince et grande comme il le fallait. Elle avait un style vestimentaire simple et portait un beau tablier rose.

At that moment, Louise, Oliver's friend, runs to see what is happening:

"What is it children? Why are you making so much noise?"

The three visitors raise their heads to notice a magnificent young woman. She had long, straight, dark brown hair, large bright hazel eyes, and she was thin and tall as can be. She had a simple dress style and wore a pink apron.

En voyant qui étaient venus, Louise affiche un grand sourire, ce qui en ajoute beaucoup à son charme. Elle avance vers ses visiteurs et leur dit:

Seeing who had come, Louise gives a big smile, which only adds to her charm. She moves towards her visitors and says:

"Bonsoir tout le monde. Comment allez-vous? Ce sont tes amis, Olivier?

Salut Louise. Oui, ce sont mes amis. Voilà Arnaud et elle, c'est sa petite sœur Lisa.

Enchantée les amis. Bienvenue à St. Joseph."

La jeune femme se met à faire visiter les lieux aux trois visiteurs. Là, Arnaud interpelle Olivier en lui chuchotant: "Je comprends maintenant d'où te vient cette soudaine envie de faire de bonnes actions! Ton but c'est de charmer la belle Louise!

"Good evening everyone. How are you? Oliver, are these your friends?"

"Hi Louise. Yes, these are my friends. Here is Arnold and she is his little sister, Lisa."

"Happy to meet you my friends. Welcome to St. Joseph's."

The young woman begins giving them a tour. Arnold intercepts Oliver by whispering to him: "I understand now where that sudden desire to do good deeds comes from! Your goal is to charm the beautiful Louise!

Mon pauvre Arnaud! Ton raisonnement est complètement faux. Il y a bien une raison pour laquelle nous sommes venus ce soir. Mais je te la dirai plus tard."

La soirée se passe bien dans cet orphelinat, les enfants, qui sont très énergiques, ne manquent pas d'imagination pour jouer avec leurs visiteurs. Même Arnaud s'implique du mieux qu'il le peut.

La fin de la soirée arrive, les trois amis doivent partir et les enfants doivent aller au lit. Les enfants ne veulent pas laisser leurs bienfaiteurs partir.

My poor Arnold! Your reasoning is completely wrong. There is indeed a good reason why we came here tonight. But I will tell you about it later."

The evening goes well at the orphanage. The children, who are very energetic, are not short of imagination in playing with their visitors. Even Arnold involves himself as best as he can.

The end of the evening arrives, the three friends have to leave, and the children must go to bed. The children don't want to let their benefactors leave.

Et au moment de quitter l'orphelinat, un petit garçon pleurant, court vers Arnaud et le serre contre lui en disant: "Tu ne veux pas rester avec nous?" Arnaud s'agenouille pour se mettre à la taille du petit garçon et lui dit en lui souriant: "Ne t'inquiète pas mon petit. Nous reviendrons te voir."

Just as they were leaving the orphanage, a small boy, crying, runs toward Arnold and hugs him saying: "Don't you want to stay with us?" Arnold kneels down to make himself the height of the little boy, and says to him, smiling: "Don't worry, little one. We will come back to see you."

Lisa et Olivier s'étonnent, Arnaud a souri! Lui qui ne l'avait pas fait depuis cinq ans. Toute émue, Lisa court vers son frère et s'agenouille à son tour. Elle serre son grand frère et le petit garçon dans ses bras en disant: "Oui nous reviendrons bientôt. Et même très souvent." Quelques minutes après, les amis s'en vont.

Lisa and Oliver are surprised, Arnold smiled! He who hasn't smiled for five years. Very moved, Lisa runs toward her brother and kneels down as well. She hugs her older brother and the small boy in her arms saying: "Yes, we will come back soon. And very soon, at that." Some minutes later, the friends go.

En voiture, Arnaud affiche une mine plus sereine que d'habitude. Et il demande soudainement à Olivier: "Maintenant qu'on est parti de l'orphelinat, tu peux me dire quelle est la raison qui t'a poussée à faire le bien tout à coup?

In the car, Arnold displays a more serene look than usual. And he asks Oliver suddenly: "Now that we have left the orphanage, you can tell me the reason that possessed you to do good deeds all of a sudden.

C'est Louise et toi en même temps!

Hein?! Comment ça?

Et bien Louise n'en a pas l'air comme ça mais elle est veuve. Elle a perdu son mari et sa fille dans un accident de voiture, il y a trois ans! Tout comme toi elle a beaucoup souffert. Mais elle, elle s'en est remise.

Attends, tu essaies de me manipuler pour ça?! Je n'irai plus jamais dans cet endroit. Et je ne veux rien savoir de cette femme!

Si on y retournera. N'oublie pas ta promesse au petit garçon. De plus je ne te laisse pas le choix."

"It's Louise and you at the same time!"

"What?! How's that?"

"Well, Louise may not look like it, but she's a widow. She lost her husband and her daughter in a car accident, three years ago! Like you, she has suffered a lot. But she's got over it."

"Wait, you are trying to manipulate me about this?! I will never go back to that place. And I don't want to know anything more about that woman!"

"Yes, we will go back there. Don't forget your promise to the little boy. What's more, I'm not giving you the choice."

Olivier, étant plus âgé qu'Arnaud, a toujours fait figure de grand frère pour lui. Arnaud lui voue une grande admiration et beaucoup de respect. C'est pour ça qu'il lui obéit presque au doigt et à l'œil.

Oliver, being older than Arnold, has always been like a big brother to him. Arnold has huge admiration and respect for him. This is why he obeys in almost every way.

Le week-end se termine normalement pour Arnaud. Et une nouvelle semaine débute pour lui. Il passe beaucoup de temps à penser à l'expérience de l'orphelinat et à ce que lui a dit Olivier sur Louise. Arnaud a du mal à s'imaginer comment peut-on vivre normalement après la perte de sa famille.

The weekend ends normally for Arnold. And a new week begins for him. He spends a lot of time thinking about the experience at the orphanage and what Oliver said to him about Louise. Arnold has a hard time imagining how anyone can live normally after the loss of their family.

Les jours passent et Arnaud ne cesse de penser à Louise et à l'orphelinat. Il arrive pour une fois à penser à autre chose qu'à ses peines. Après beaucoup de réflexions, Arnaud décide d'aller voir Louise. Il prend la décision d'aller voir une femme qu'il vient tout juste deconnaître pour lui parler de ce qu'il ressent.

The days pass and Arnold doesn't stop thinking about Louise and the orphanage. For once he is thinking about something besides his sorrow. After much reflection,

Arnold decides to go see Louise. He makes the decision to go see a woman that he has just barely got to know to speak to her about what he's feeling.

Durant la pause de midi, Arnaud prend un bus qui le mène à l'orphelinat St. Joseph. Une fois sur place, Arnaud met du temps avant de frapper à la porte. C'est Louise qui lui ouvre la porte, toujours avec le même sourire radieux: "Bonjour! Entrez vite. Il fait froid dehors." A l'intérieur, Arnaud remarque qu'il n y a aucun enfant et demande:

During his lunch break, Arnold takes a bus that brings him to St. Joseph's orphanage. Once there, Arnold takes a while to knock at the door. It's Louise who opens the door to him, still with the same radiant smile: "Hello! Come in quickly. It's cold outside." Inside, Arnold notices that there are no children, and he asks :

"Les enfants ne sont pas là?

Non les plus grands sont à l'école et les plus petits font leur sieste.

D'accord. Excusez-moi de venir les mains vides. Dans la hâte, je n'ai pas pensé à apporter quelque chose pour les petits.

Ce n'est pas grave les visites font beaucoup plaisir aux enfants. Ils vous ont déjà adoptés. Ils me demandent tout le temps. Quand est-ce que vous allez revenir les voir?

Très bien alors. Nous viendrons les voir souvent. En fait Louise, c'est vous que je suis venu voir aujourd'hui.

Ah bon?! Que puis-je faire pour vous?

J'espère que ça ne vous fâchera pas. Mais grâce à Olivier, je connais votre histoire et celle de la perte de votre famille.

Non. Ça ne me vexe pas du tout. Je connais votre histoire à vous aussi. Je suis vraiment désolée. C'est terrible de perdre quelqu'un qu'on aime. Je sais ce que c'est.

Justement Louise. Comment faites-vous pour survivre? Je n'y arrive pas. Aidez-moi s'il vous plaît.

Ce n'est pas simple mais le temps fait bien les choses. En plus, avec mon travail, je n'ai pas le droit de cesser de vivre. Ces enfants, eux non plus, n'ont plus leurs familles. Je n'ai pas le droit de les abandonner.

Je vois!

Vous voulez vous en sortir? Venez ici aussi souvent. Je vous guiderai. Faites-moi confiance!"

"The children aren't here?"

"No, the older ones are at school and the little ones are taking their nap."

"Yes. Excuse me for coming empty-handed. In haste, I didn't think of bringing anything for the little ones."

"That's not a problem, the visits bring much pleasure to the children. They have already adopted you. They ask about you all the time: When are you going to come back and see them?"

"Very good then. We will come see them often. Actually Louise, it's you that I have come to see today."

"Oh, really?! What can I do for you?"

"I hope this won't annoy you. But thanks to Oliver, I know your history and that of the loss of your family."

"No, that does not annoy me at all. I know your history too. I am very sorry. It's terrible to lose someone you love. I know what that's like."

"Exactly Louise. How do you survive? I can't do it. Can you help me."

"It's not easy but time helps make things better. And what's more, with my work I don't have the right to stop living. These children, they also do not have their families. I don't have the right to abandon them."

"I see!"

"Do you want to get through this? Come here often. I will guide you. Trust me. »

Les mois suivants, il y a eu de nombreuses visites à l'orphelinat de la part d'Arnaud, d'Olivier et parfois de Lisa. À chaque fois, les enfants les attendent avec impatience devant la porte. Peu à peu la magie de l'enfance fait reprendre goût à la vie à Arnaud, qui renoue des liens avec le rire et la joie. Il se familiarise avec le bonheur que lui donnent ces petits enfants.

The following months, there were numerous visits to the orphanage by Arnold, Oliver and sometimes Lisa. Each time, the children wait for them eagerly at the door. Little by little, the magic of childhood helps Arnold rediscover a taste for life, who renews his acquaintance with laughter and joy. He familiarizes himself with the happiness the children bring him.

Par la même occasion, Arnaud renoue avec des sentiments oubliés. Eh oui ! La belle Louise ne le laisse pas indifférent. Se disant qu'il ne peut plus se laisser aller et qu'il doit se relever, il fait de son mieux pour nouer des liens forts avec elle. Il l'invite même à sortir avec lui : une première fois au

restaurant, la seconde fois au cinéma et ainsi de suite. Les mois passent et les deux amoureux ne se quittent plus.

By those same visits, Arnold reconnects with forgotten feelings. Ah yes! The beautiful Louise does affect him. Telling himself that he can no longer go with the flow and that he must pick himself up, he does his best to develop strong ties with her. He even invites her to go out with him: the first time to a restaurant, the second time to the cinema and so on. The months pass and the two love birds are never apart.

Arnaud, sachant que la vie est trop courte, décide de demander Louise en mariage. Il en parle à sa famille et ses amis. Ils accueillent la nouvelle avec joie. Il décide donc d'inviter Louise à sortir pour lui faire sa demande. Il prévoit un cadre très romantique avec un dîner en plein air et un violoniste.

Arnold, knowing that life is too short, decides to ask Louise to marry him. He speaks about it with his family and friends. They welcome the news with joy. He decides then to invite Louise to go out in order to ask her. He plans a romantic setting with an outdoor dinner and a violinist.

Vers la fin du dîner, Arnaud invite Louise à danser. Elle accepte. Durant cette danse, Arnaud lui parle et lui dit: "Tu as le pouvoir de me faire revenir à la vie. Aujourd'hui, grâce à toi, je crois en la vie. Je crois en notre amour. Je t'aime tellement ma Louise. Je ne veux pas me séparer de toi. Je ne veux pas vivre loin de toi. C'est pour cela que…"

Toward the end of dinner, Arnold invites Louise to dance. She accepts. During the dance, Arnold speaks to her and says: "You have the power to make me come back to life. Today, thanks to you, I believe in life. I believe in our love. I love you so much my Louise. I don't want to be away from you. I don't want to live far from you. That is why I…"

À ce moment précis le violoniste change de musique. Il joue l'air préféré de Louise, pendant qu'Arnaud s'agenouille et sort une petite boîte ronde rouge. Il regarde Louise et lui dit: "Louise! Ma belle Louise. Tu es mon ange sauveur et pour ça je ne peux plus vivre loin de toi. Veux-tu m'épouser?" Louise, en larmes et toujours avec le même sourire radieux lui répond "Oui! Oui! Oui!"

At that precise moment the violinist changes the music. He plays Louise's favorite tune, while Arnold goes down on one knee and takes out a small, round, red box.

He looks at Louise and says: "Louise, my beautiful Louise. You are my guardian angel and so I don't want to live apart from you. Would you marry me?" Louise, in tears and always with the same radiant smile, answers "Yes! Yes! Yes!"

Olivier, qui n'a jamais abandonné son copain, a réussi le pari fou de le libérer de l'emprise du passé. Et depuis Arnaud et Louise courent des jours heureux dans l'orphelinat St. Joseph entourés de leurs nombreux enfants.

Oliver, who never abandoned his friend, has won the crazy bet to free him from the grip of the past. And ever since, Arnold and Louise enjoy happy days at St. Joseph's orphanage surrounded by their many children.

HISTOIRE 6/STORY 6:
UN ANNIVERSAIRE

Héloïse réfléchit à comment **fêter** l'anniversaire de sa meilleure amie Sophie. Les deux filles sont amies depuis leur **enfance**, donc Héloïse **veut bien faire les choses** pour le 25ème anniversaire de Sophie. Avec le budget qu'elle **a prévu**, elle ne pourra pas organiser une fête dans un club. Ça lui couterait trop **cher**. Une fête surprise chez Sophie n'est pas non plus envisageable. Elle s'en **rendrait compte** très facilement. L'idée la plus raisonnable semble être une belle sortie au restaurant qui serait quand même une surprise pour Sophie.

Fêter - *to celebrate*

Enfance - *childhood*

Veut bien faire les choses (faire bien les choses) - *wants to do things right (to do things right)*

A prévu (prévoir) - *planned (to plan)*

Cher - *expensive*

Rendrait compte (se rendre compte) - *would realize (to realize)*

Héloïse s'occupe par la suite d'**avertir** les amis et la famille de Sophie. Elle invite ses parents, son frère et sa sœur. D'autres amis sont aussi **prévenus**. **Le mot d'ordre** est qu'elle doit **croire** que tout le monde **a oublié** son anniversaire. La surprise **se met rapidement en place**. Après quelques recherches, la jeune femme choisit La Tour d'Or, qui est le restaurant préféré de Sophie. Elle **se déplace** au restaurant pour faire les réservations et tout expliquer au personnel : «Bonjour! **J'ai besoin de** parler au **gérant du restaurant**.

Avertir - *to inform*

Prévenus - *informed*

Le mot d'ordre - *the motto*

Croire - *to believe*

A oublié (oublier) - *has forgotten (to forget)*

Se met rapidement en place - *is quickly put in place/is quickly set up*

Se déplace (se déplacer) - *moves (to move)*

J'ai besoin de - *I need to*

Gérant du restaurant - *the restaurant manager*

-Bonjour Madame! **Veuillez patienter**. Je vais le chercher. Asseyez-vous.

-Merci Monsieur!"

Veuillez patienter - *Please wait*

Quelques minutes plus tard le gérant arrive et **s'adresse à** Héloïse: "Bonjour Madame! Bienvenue à la Tour d'Or. Que puis-je faire pour vous?

-Bonjour! Je viens pour réserver.

-Mais vous auriez pu vous **éviter** le **dérangement** et faire vos réservations par téléphone.

-Oui je sais bien, mais c'est un peu particulier.

-Ah bon?! **Racontez-moi tout ça.**

-C'est l'anniversaire de ma meilleure amie et je veux lui organiser une petite **fête surprise** chez vous.

-Je vois. Ce sera pour quand?

-Vendredi prochain. C'est possible en **soirée**?

-Oui ! **Parfaitement**. Combien de personnes?

-Nous serons 18. Je pense que trois tables nous **suffiront**.

-Vous avez raison. Patientez un moment, je vous apporte notre menu. Vous allez pouvoir faire votre choix pour votre fête.

-D'accord. Je vous remercie.''

S'adresse à - *speaks to*

Éviter - *to avoid*

Dérangement - *inconvenience*

Racontez-moi tout ça - *Tell me the whole story*

Fête surprise - *surprise party*

Soirée - *evening*

Parfaitement - *absolutely*

Suffiront - *will be enough/will suffice*

Pendant que le gérant s'occupe d'apporter les menus. Héloïse **explique au reste du personnel** le déroulement de la surprise. Héloïse veut que leurs tables soient un peu **éloignées** de l'entrée. La surprise doit être parfaite. Une dizaine de minutes plus tard, le gérant revient avec le menu du restaurant et un catalogue des gâteaux d'anniversaire: « Voilà le menu. Vous voulez du poulet, de la viande, ou du poisson en plat principal? »

Explique au reste du personnel - *explains to the rest of the staff*

Éloignées - *far*

-Non! En fait, j'ai déjà **une petite idée** sur vos plats. Avec mon amie, on est des habituées de votre restaurant. Pour cette fête je voudrais des **crevettes** et d'autres fruits de mer en **assortiment**. Avec quelques **légumes en sauce** en **accompagnement**. C'est possible?

-Oui c'est **tout à fait faisable**. Et en **entrée**? Du **potage** ou bien une salade?

-Vu que nous aurons du gâteau, une salade **serait préférable**. Je vous laisse le choix de la salade. Je sais que je peux vous **faire confiance**.

-Vous avez une préférence concernant les boissons? Des vins **en tête**?

-Non ! Pas vraiment. **Je compte sur vous** pour choisir **ce qui va avec** nos plats.

-D'accord Madame. Passons au gâteau. Voilà ce que nous proposons.

-**Ce n'est pas la peine**. Mon amie aime tout ce qui contient du chocolat, de la crème et des fraises.

-Et bien parfait."

Une petite idée - *an idea*	
Crevettes - *shrimps*	
Assortiment - *assortment*	
Légumes en sauce - *vegetables in sauce*	
Accompagnement - *side order*	
Tout à fait faisable - *quite doable*	
Entrée - *first course*	
Potage - *soup*	
Serait préférable - *would be preferred*	
Faire confiance - *to trust*	
En tête - *in mind*	
Je compte sur vous - *I'm counting on you*	
Ce qui va avec - *what goes with it*	
Ce n'est pas la peine - *It is not necessary*	

Après le restaurant, la **prochaine étape** pour Héloïse est de trouver une excuse pour attirer Sophie au restaurant. **Ayant du mal à trouver** un moyen de le faire, elle décide de **laisser ça** pour le soir même. Elle lui trouvera une raison pour l'**attirer** à la Tour d'Or. Héloïse a donc tout réglé pour l'anniversaire.

Prochaine étape - *next step*	
Ayant du mal à trouver - *having trouble finding*	
Laisser ça - *to leave it*	
Attirer - *to attract*	

Le jour de l'anniversaire arrive très vite. Sophie est toute **triste**. Personne n'a pensé à son anniversaire. Elle pense que tout le monde l'a oublié. Héloïse fait croire à son amie qu'elle avait un rendez-vous avec un homme. Durant la soirée, elle appelle Sophie au téléphone pour lui faire croire qu'elle a un problème. Elle lui demande de lui **venir en aide**. Sophie va vite au restaurant **au secours de son amie**.

Triste - *sad*

Venir - *to come*

Aide - *help*

Venir en aide - *to come to assist/to come to help*

Au secours de son amie - *to the rescue of her friend*

Arrivée sur les lieux, Sophie entre vite pour y chercher son amie. Là, elle est surprise d'y trouver tous ses **proches** lui criant "Surprise!" Elle **comprend** que son amie n'a rien et qu'elle lui a juste fait une surprise pour son anniversaire: "Héloïse! Tu as quand même pensé à moi.

-Heureusement! **Les amis c'est fait pour ça.**"

Sophie prend place et la fête peut commencer.

Arrivée sur les lieux - *present on site/once present on the scene*

Proches - *relatives*

Comprend - *understands*

Les amis c'est fait pour ça - *that's what friends are for*

Le gérant du restaurant **vient en personne souhaiter** un bon anniversaire à Sophie. Il se met ensuite à présenter le menu de la soirée: "Bienvenue à La Tour d'Or. Pour le diner de ce soir, Nous avons mis en place avec l'aide d'Héloïse un menu **aux goûts de** Sophie. En entrée nous **avons prévu** une salade landaise composée de laitue, d'asperges, de **maïs**, de **pignons de pin**, de tomates, de **tranches de foie gras de canard**, de **jambon**, de **magret de canard fumé** et de **gésiers de canard** pour en faire une landaise authentique. Par la suite viendra un assortiment de fruits de mer accompagné de légumes sautés. Pour le dessert, nous avons **élaboré** un gâteau unique. Les directives d'Héloïse nous ont beaucoup aidées. Nous sommes parvenus à faire un gâteau aux **goûts** de Sophie. Mais ça reste une surprise qu'on laisse pour plus tard. Passez une bonne soirée."

Tout le monde à l'air de bien **apprécier**. Héloïse est félicitée pour son organisation de la fête.

Vient en personne - *comes in person*

Souhaiter - *to wish*

Aux goûts de - *to the taste of*

Avons prévu - *have planned*

Maïs - *corn*

Pignons de pin - *pine nuts*	
Tranches de foie gras de canard - *slices of foie gras*	
Jambon - *ham*	
Magret de canard fumé - *smoked duck breast*	
Gésiers de canard - *duck gizzards*	
Élaboré - *created*	
Goûts - *tastes*	
Apprécier - *to appreciate*	

L'entrée ne **met** pas beaucoup de **temps (mettre du temps)** à arriver. Une salade landaise pour commencer ce repas d'anniversaire. Du vin vient **s´ajouter** au plat. Couteaux et fourchettes en main, les invités dégustent la salade qui **passe toute seule**. Cette entrée **remporte un franc succès**. Tout le monde **complimente** le chef. Il se déplace en personne aux tables **des convives**. Il tient à souhaiter un bon anniversaire à Sophie.

Met - *puts*	
Temps - *time*	
Mettre du temps - *to take some time*	
S´ajouter - *to be added*	
Passe toute seule - *goes alone*	
Remporte un franc succès - *is a great success*	
Complimente - *compliment*	
Des convives - *the guests*	

Après avoir **débarrassé** la table et **mis** de **nouveaux couverts**, **les serveurs** apportent **la suite**, de fabuleux assortiments de fruits de mer: **du crabe, des crevettes, des langoustes, des moules** et même du **homard** composent **ces plateaux**. Des légumes sautés accompagnent les fruits de mer. Cette fois c'est du **vin blanc** que le gérant a choisi pour venir compléter cet **assortiment**. Sophie, Héloïse et leurs invités **se régalent** du repas. **Hélas**, même avec tous ces efforts, il y a toujours quelqu'un **qui trouve à redire**. Mélanie, la grande sœur de Sophie, dit qu'**elle trouve que** pour des fruits de mer ce n'est pas **assez épicé**. Cela **fâche** un peu le gérant qui **s'est donné beaucoup de mal**. Malgré cela, il demande **quand même** à ce qu'on lui apporte de la **sauce épicée** qu'il y a en cuisine. Comme ça, tout le monde est satisfait. Le repas se termine **en moins de temps qu'il ne faut pour le dire** et il ne reste plus aucun fruit de mer sur les plateaux.

Débarrassé - *cleared*

Mis - *put*

Nouveaux couverts - *new flatware*

Les serveurs - *the servers*

La suite - *the rest*

Du crabe - *crab*

Des crevettes - *shrimps*

Des langoustes - *lobsters*

Des moules - *mussels*

Homard - *lobster*

Ces plateaux - *these platters*

Vin blanc - *white wine*

Assortiment - *assortment*

Se régalent (se régaler) - *feast on (to feast on)*

Hélas - *unfortunately*

Qui trouve à redire - *who finds fault*

Elle trouve que - *she finds that*

Assez épicé - *spicy enough*

Fâche - *gets upset*

S'est donné beaucoup de mal - *has worked hard*

Quand même - *still*

Sauce épicée - *hot sauce*

En moins de temps qu'il ne faut pour le dire - *in no time*

Héloïse est satisfaite et se dit que tout **se passe bien** pour son amie. Elle **se retire** du reste du groupe pour parler au gérant: "Pour le gâteau, vous allez attendre que **je vous fasse signe**. On passe d'abord à **l'ouverture** des **cadeaux**.

Se passe bien - *is going well*

Se retire - *retreats*

Je vous fasse signe - *I signal to you*

L'ouverture - *the opening*

Cadeaux - *gifts*

-**C'est comme vous voulez** Madame. J'espère que notre travail **vous convient**.

-Oui ! Tout le monde **s'amuse**. Sophie **est aux anges**.

-Je vous remercie.

-Il n'y a pas de quoi. Merci à vous."

C'est comme vous voulez - *it is how you like it*	
Vous convient - *suits you*	
S'amuse - *is having fun*	
Est aux anges - *is ecstatic*	

Héloïse retourne à table. En **parfaite organisatrice**, elle **annonce la suite des événements**. "C'est le moment de donner ses cadeaux à Sophie! Tiens voilà **le mien**.

-Merci! Qu'est-ce que c'est?

-Vas-y, ouvre-le !

-Oh! C'est le **parfum** que je voulais m'offrir. Merci Héloïse. C'est tellement gentil de ta part.

-Mais de rien. Allez tout le monde, donnez-lui vos cadeaux."

Sophie, toute contente, **reçoit** beaucoup de cadeaux. Elle les ouvre les uns après les autres: des bijoux, des vêtements, des accessoires et quelques **produits cosmétiques**. La jeune femme est très **heureuse**.

Parfaite organisatrice - *perfect organizer*	
Annonce la suite des événements - *announces the following events*	
Le mien - *mine*	
Parfum - *perfume*	
Reçoit - *receives*	
Produits cosmétiques - *cosmetic products*	
Heureuse - *pleased*	

Après l'ouverture des cadeaux, c'est le moment du gâteau. Héloïse fait signe au personnel du restaurant pour qu'ils apportent le gâteau. Quelques secondes plus tard un **chariot** portant un **magnifique** gâteau arrive. Il est **orné** de 25 **bougies**. Tout le monde **se met** aussitôt à chanter "Joyeux anniversaire, joyeux anniversaire." Sophie est **ravie**. "**Souffle** les bougies! Mais **d'abord fais un vœu**." Lui dit son amie. "Oui!" Répond Sophie. Elle fait son vœu et souffle les bougies de son gâteau.

Chariot - ***trolley***	
Magnifique - ***wonderful***	
Orné - ***decorated***	
Bougies - ***candles***	
Se met à - ***begins to***	
Ravie - ***delighted***	
Souffle - ***blows***	
D'abord fais un vœu - ***first make a wish***	

Le **maître des lieux** revient vers eux pour leur présenter le gâteau: "voici un gâteau que nous avons conçu spécialement pour Sophie. Nous **avons pris en compte** ce qu'elle aimait et nous **avons opté** pour un gâteau au chocolat et à la fraise **façon forêt noire**.

Maître des lieux - ***owner (master of the house/place)***	
Avons pris en compte - ***taken into account***	
Avons opté - ***opted***	
Façon forêt noire - ***black forest (name of cake) style***	

-Merci Monsieur.

-Je vous en prie Madame. Alors, entre chaque couche de gâteau il y a de la crème chantilly à la fraise. Le tout est **recouvert** d'une crème à la vanille **parsemée** de **copeaux** de chocolats et **garni** de **morceaux** de fraises.

Très bien ! Où est le couteau ? **J'ai hâte** d'y goûter.

-Le voilà Madame. Nous allons vous chercher des petites assiettes et **de quoi servir."**

Recouvert - ***covered***	
Parsemée - ***sprinkled***	
Copeaux - ***chocolate sprinkles***	
Garni - ***filled***	
Morceaux - ***pieces***	
J'ai hâte - ***I can't wait***	
De quoi servir - ***something to serve with***	

Les couverts arrivent et le gérant revient avec un **seau portant** une bouteille de champagne: "Voilà de quoi bien accompagner votre gâteau. **C'est offert par la maison**. Bon anniversaire Madame.

« Merci c'est si gentil de votre part. Joignez-vous à nous."

Les couverts - *the cutlery*	
Seau - *bucket*	
Portant - *carrying*	
C'est offert par la maison - *it is on the house*	

Héloïse qui **s'est occupée** de couper le gâteau, apporte une **part** au gérant qui la remercie. Tout le monde apprécie le bon gâteau.

Héloïse a **réussi son pari** et elle a organisé une superbe fête pour son amie. Le repas d'anniversaire se **termine dans la joie**.

S'est occupée - *took care*	
Part - *piece*	
Réussi son pari - *achieved her goal (won her bet)*	
Termine dans la joie - *ends in joy*	

Héloïse propose à son amie de l'accompagner chez elle pour l'aider à porter tous ses cadeaux. Sophie est contente. Les deux amies remercient les invités et les **raccompagnent** avant de **s'en aller** elles-mêmes. Un serveur vient et leur tend des paquets: "Madame. Vous oubliez **les restes** du gâteau.

-Les restes du gâteau?!

-Oui il en reste. Ce **serait dommage** de les **gâcher**.

-Oui mais justement ça ne sera pas du **gâchis**. **Reprenez-les** et mangez ce qui reste du gâteau avec vos collègues.

-Oh ! Merci infiniment Madame.

-Je vous en prie."

Raccompagnent - *see them to the door*	
S'en aller - *to leave*	
Les restes - *the leftovers*	
Serait dommage - *would be too bad/a shame*	
Gâcher - *to waste*	
Gâchis - waste	
Reprenez-les - *take them back*	

Sophie regarde son amie d'**un air étonné** et lui dit: "Depuis quand tu laisses du gâteau toi?"

-Depuis qu'on a ces sacs **remplis** de cadeaux à porter. Nous n'avons pas de troisièmes bras pour porter plus de paquets.

-Je vois. Ça m'avait étonnée.

-Oui. En plus **vu que** tu es une habituée, ces bonnes actions te **favoriseront** par rapport aux autres clients. Tu auras sûrement des **trucs offerts**.

-Je vois que tu **penses à tout toi**."

> Un air étonné - *abe wildered look*
>
> Remplis - *full*
>
> Vu que - *since*
>
> Favoriseront - *will favor*
>
> Trucs offerts - *things offered*
>
> Penses à tout toi - *you think of everything*

Sur le chemin, vers la station du métro, Héloïse et Sophie discutent de la soirée: "Héloïse. C'est si gentil de ta part d'avoir fait tout ça. Je pensais que tout le monde m'avait oubliée.

-C'était **fait exprès**. J'ai demandé à tout le monde de **jouer le jeu**. C'était une belle surprise, non?

-Ça pour une surprise, c**s'en était une**. J'ai vraiment pensé que tu avais un problème.

-Pardon pour ça!

-Ce n'est pas grave. Merci beaucoup. C'était magnifique. Sûrement le meilleur anniversaire que j'ai eu.

-Mais de rien, rien n'est trop beau pour toi."

> Fait exprès - *on purpose*
>
> Jouer le jeu - *to play along*
>
> S'en était une - *it was one*

Elles prennent ensuite le métro et partent chez Sophie. Arrivées chez celle-ci, comme **il se fait tard**, elle invite Héloïse à passer la nuit chez elle. Vu que le lendemain est un samedi, Héloïse accepte l'invitation. Et ainsi se termine cette soirée d'anniversaire.

> Il se fait tard - *it's getting late*

VOCABULARY RECAP 6

Fêter - *to celebrate*

Enfance - *childhood*

Veut bien faire les choses (faire bien les choses) - *wants to do things right (to do things right)*

A prévu (prévoir) - *planned (to plan)*

Cher - *expensive*

Rendrait compte (se rendre compte) - *would realize (to realize)*

Avertir - *to inform*

Prévenus - *informed*

Le mot d'ordre - *the motto*

Croire - *to believe*

A oublié (oublier) - *has forgotten (to forget)*

Se met rapidement en place - *is quickly put in place/is quickly set up*

Se déplace (se déplacer) - *moves (to move)*

J'ai besoin de - *I need to*

Gérant du restaurant - *the restaurant manager*

Veuillez patienter - *Please wait*

S'adresse à - *speaks to*

Éviter - *to avoid*

Dérangement - *inconvenience*

Racontez-moi tout ça - *Tell me the whole story*

Fête surprise - *surprise party*

Soirée - *evening*

Parfaitement - *absolutely*

Suffiront - *will be enough/will suffice*

Explique au reste du personnel - *explains to the rest of the staff*

Éloignées - *far*

Une petite idée - *an idea*

Crevettes - *shrimps*

Assortiment - *assortment*

Légumes en sauce - *vegetables in sauce*

Accompagnement - *side order*

Tout à fait faisable - *quite doable*

Entrée - *first course*

Potage - *soup*

Serait préférable - *would be preferred*

Faire confiance - *to trust*

En tête - *in mind*

Je compte sur vous - *I'm counting on you*

Ce qui va avec - *what goes with it*

Ce n'est pas la peine - *It is not necessary*

Prochaine étape - *next step*

Ayant du mal à trouver - *having trouble finding*

Laisser ça - *to leave it*

Attirer - *to attract*

Triste - *sad*

Venir - *to come*

Aide - *help*

Venir en aide - *to come to assist/to come to help*

Au secours de son amie - *to the rescue of her friend*

Arrivée sur les lieux - *present on site/once present on the scene*

Proches - *relatives*

Comprend - *understands*

Les amis c'est fait pour ça - *that's what friends are for*

Vient en personne - *comes in person*

Souhaiter - *to wish*

Aux goûts de - *to the taste of*

Avons prévu - *have planned*

Maïs - *corn*

Pignons de pin - *pine nuts*

Tranches de foie gras de canard - *slices of foie gras*

Jambon - *ham*

Magret de canard fumé - *smoked duck breast*

Gésiers de canard - *duck gizzards*

Élaboré - *created*

Goûts - *tastes*

Apprécier - *to appreciate*

Met - *puts*

Temps - *time*

Mettre du temps - *to take some time*

S´ajouter - *to be added*

Passe toute seule - *goes alone*

Remporte un franc succès - *is a great success*

Complimente - *compliment*

Des convives - *the guests*

Débarrassé - *cleared*

Mis - *put*

Nouveaux couverts - *new flatware*

Les serveurs - *the servers*

La suite - *the rest*

Du crabe - *crab*

Des crevettes - *shrimps*

Des langoustes - *lobsters*

Des moules - *mussels*

Homard - *lobster*

Ces plateaux - *these platters*

Vin blanc - *white wine*

Assortiment - *assortment*

Se régalent (se régaler) - *feast on (to feast on)*

Hélas - *unfortunately*

Qui trouve à redire - *who finds fault*

Elle trouve que - *she finds that*

Assez épicé - *spicy enough*

Fâche - *gets upset*

S'est donné beaucoup de mal - *has worked hard*

Quand même - *still*

Sauce épicée - *hot sauce*

En moins de temps qu'il ne faut pour le dire - *in no time*

Se passe bien - *is going well*

Se retire - *retreats*

Je vous fasse signe - *I signal to you*

L'ouverture - *the opening*

Cadeaux - *gifts*

C'est comme vous voulez - *it is how you like it*

Vous convient - *suit you*

S'amuse - *is having fun*

Est aux anges - *is ecstatic*

Parfaite organisatrice - *perfect organizer*

Annonce la suite des événements - *announces the following events*

Le mien - *mine*

Parfum - *perfume*

Reçoit - *receives*

Produits cosmétiques - *cosmetic products*

Heureuse - *pleased*

Chariot - *trolley*

Magnifique - *wonderful*

Orné - *decorated*

Bougies - *candles*

Se met à - *begins to*

Ravie - *delighted*

Souffle - *blows*

D'abord fais un vœu - *first make a wish*

Maître des lieux - *owner (master of the house/place)*

Avons pris en compte - *taken into account*

Avons opté - *opted*

Façon forêt noire - *black forest (name of cake) style*

Recouvert - *covered*

Parsemée - *sprinkled*

Copeaux de chocolat - *chocolate sprinkles*

Garni - *filled*

Morceaux - *pieces*

J'ai hâte - *I can't wait*

De quoi servir - *something to serve with*

Les couverts - *the cutlery*

Seau - bucket

Portant - *carrying*

C'est offert par la maison - *it is on the house*

S'est occupée - *took care*

Part - *piece*

Réussi son pari - *achieved her goal (won her bet)*

Termine dans la joie - *ends in joy*

Raccompagnent - *see them to the door*

S'en aller - *to leave*

Les restes - *the leftovers*

Serait dommage - *would be too bad/a shame*

Gâcher - *to waste*

Gâchis - waste

Reprenez-les - *take them back*

Un air étonné - *abe wildered look*

Remplis - *full*

Vu que - *since*

Favoriseront - *will favor*

Trucs offerts - *things offered*

Penses à tout toi - *you think of everything*

Fait exprès - *on purpose*

Jouer le jeu - *to play along*

S'en était une - *it was one*

Il se fait tard - *it's getting late*

PRACTICE YOUR WRITING

Pour l'anniversaire de sa meilleure amie, Héloïse pense à organiser une fête à La Tour d'Or, le restaurant préféré de Sophie sa meilleure amie. Elle contacte tout le monde pour les prévenir de la surprise.

Héloïse se déplace au restaurant. Elle y fait les réservations et prépare tout avec le gérant du restaurant. Elle fait part des **goûts personnels** de Sophie au gérant.

Goûts personnels - *personal tastes*

Le jour de son anniversaire, Sophie pense que tout le monde l'a oubliée. Personne ne lui souhaite un bon anniversaire. Héloïse lui fait croire qu'elle doit sortir avec un homme au restaurant. Le soir même Sophie reçoit **un coup de fil** de son amie qui lui dit qu'elle a un problème et qu'elle a besoin de son aide. Sophie court voir son amie au restaurant mais elle découvre cette belle surprise.

Un coup de fil - *a phone call*

Une salade landaise est prévue en entrée à laquelle vient s'ajouter du bon vin rouge. La salade est suivie d'un fabuleux assortiment de fruits de mer accompagné de légumes sautés. Après ce plat, Héloïse prend l'initiative de proposer d'ouvrir les cadeaux avant de passer au gâteau. Tout le monde approuve et Sophie aime tous ses cadeaux.

Après l'ouverture des cadeaux **vient le tour** du gâteau. Une grande **génoise** au chocolat et à la fraise comme l'aime Sophie. Une bouteille de champagne offerte par le restaurant vient compléter l'ensemble.

Vient le tour du - *comes the turn of*
Génoise - *sponge cake*

La fête se termine dans les meilleures conditions. Et les deux amies rentrent ensemble chez Sophie pour y passer la nuit.

TRANSLATION

Héloïse réfléchit à comment fêter l'anniversaire de sa meilleure amie Sophie. Les deux filles sont amies depuis leur enfance, donc Héloïse veut bien faire les choses pour le 25ème anniversaire de Sophie. Avec le budget qu'elle a prévu, elle ne pourra pas organiser une fête dans un club. Ça lui couterait trop cher. Une fête surprise chez Sophie n'est pas non plus envisageable. Elle s'en rendrait compte très facilement. L'idée la plus raisonnable semble être une belle sortie au restaurant qui serait quand même une surprise pour Sophie.

Heloise is thinking about how to celebrate her best friend Sophie's birthday. The two girls have been friends since childhood so Heloise really wants to do something for Sophie's 25th birthday. With the budget she has planned, she won't be able to organize a celebration at a club. That would cost her too much. A surprise party at Sophie's is also not possible. She would find out about it very easily. The most reasonable idea seems to be a nice outing to a restaurant that would be a surprise for Sophie just the same.

Héloïse s'occupe par la suite d'avertir les amis et la famille de Sophie. Elle invite ses parents, son frère et sa sœur. D'autres amis sont aussi prévenus. Le mot d'ordre est qu'elle doit croire que tout le monde a oublié son anniversaire. La surprise se met rapidement en place. Après quelques recherches, la jeune femme choisit La Tour d'Or, qui est le restaurant préféré de Sophie. Elle se déplace au restaurant pour faire les réservations et tout expliquer au personnel : « Bonjour ! J'ai besoin de parler au gérant du restaurant.

Heloise gets busy letting Sophie's friends and family know. She invites her parents, her brother and sister. Other friends are also informed. The main goal is that she must think everyone has forgotten her birthday. The surprise is quickly put into place. After some research, the young woman chooses La Tour d'Or [The Golden Tower], which is Sophie's favorite restaurant. She goes to the restaurant to make the reservations and explain everything to the staff: "Hello! I need to speak to the restaurant manager."

-Bonjour Madame! Veuillez patienter. Je vais le chercher. Asseyez-vous.
-Merci Monsieur!"

"Hello Madame! Please wait a moment. I'll look for him. Have a seat."
"Thank you Sir!"

Quelques minutes plus tard le gérant arrive et s'adresse à Héloïse: "Bonjour Madame! Bienvenue à la Tour d'Or. Que puis-je faire pour vous?

-Bonjour! Je viens pour réserver.

-Mais vous auriez pu vous éviter le dérangement et faire vos réservations par téléphone.

-Oui je sais bien, mais c'est un peu particulier.

-Ah bon?! Racontez-moi tout ça.

-C'est l'anniversaire de ma meilleure amie et je veux lui organiser une petite fête surprise chez vous.

-Je vois. Ce sera pour quand?

-Vendredi prochain. C'est possible en soirée?

-Oui ! Parfaitement. Combien de personnes?

-Nous serons 18. Je pense que trois tables nous suffiront.

-Vous avez raison. Patientez un moment, je vous apporte notre menu. Vous allez pouvoir faire votre choix pour votre fête.

-D'accord. Je vous remercie."

Some minutes later the manager arrives and speaks to Heloise: "Hello Madam! Welcome to the Tour d'Or. What can I do for you?"

"Hello! I've come to make a reservation."

"But you could have avoided the inconvenience and made your reservation by phone."

"Yes, I know, but it's a bit unusual."

"Really? Tell me about it."

"It is my best friend's birthday and I want to organize a small surprise party for her here."

"I see. This would be for when?"

"Next Friday. In the evening if it's possible?"

"Yes, absolutely. How many people?"

"There will be 18 of us. I think that three tables will suffice."

"You are right. Wait one moment, I'll bring you our menu. You will be able to make your choice for your celebration."

"Okay. Thank you."

Pendant que le gérant s'occupe d'apporter les menus. Héloïse explique au reste du personnel le déroulement de la surprise. Héloïse veut que leurs tables soient un peu éloignées de l'entrée. La surprise doit être parfaite. Une dizaine de minutes plus tard, le gérant revient avec le menu du restaurant et un catalogue des gâteaux d'anniversaire: « Voilà le menu. Vous voulez du poulet, de la viande, ou du poisson en plat principal? »

While the manager takes care of bringing the menus, Heloise explains to the rest of the staff how the surprise will work. Heloise wants the tables to be far from the entrance. The surprise must be perfect.

Ten or so minutes later, the manager comes back with the restaurant menu and a catalogue of birthday cakes: "Here is the menu. Will you want chicken, meat or fish for the main course?"

-Non! En fait, j'ai déjà une petite idée sur vos plats. Avec mon amie, on est des habituées de votre restaurant. Pour cette fête je voudrais des crevettes et d'autres fruits de mer en assortiment. Avec quelques légumes en sauce en accompagnement. C'est possible?

-Oui c'est tout à fait faisable. Et en entrée? Du potage ou bien une salade?

-Vu que nous aurons du gâteau, une salade serait préférable. Je vous laisse le choix de la salade. Je sais que je peux vous faire confiance.

-Vous avez une préférence concernant les boissons? Des vins en tête?

-Non ! Pas vraiment. Je compte sur vous pour choisir ce qui va avec nos plats.

-D'accord Madame. Passons au gâteau. Voilà ce que nous proposons.

-Ce n'est pas la peine. Mon amie aime tout ce qui contient du chocolat, de la crème et des fraises.

-Et bien parfait."

"No, in fact I've already had a thought about your dishes. My friend and I are frequent customers at your restaurant. For this party I would like prawns and other assorted seafoods. With some vegetables in sauce as a side order. Is that possible?"

"Yes, that's quite doable. And as a first course? Soup or salad perhaps?"

"Seeing as we are going to have cake, a salad would be preferable. I'll leave the choice of salad to you. I know I can trust you."

"Do you have a preference concerning beverages? Some wine in mind?"

"No, not really. I'll leave it to you to choose what goes with our dishes."

"Agreed Madam. Let's move on to the cake. Here is what we propose."

"Don't worry. My friend likes anything that contains chocolate, cream and strawberries."

"OK, perfect."

Après le restaurant, la prochaine étape pour Héloïse est de trouver une excuse pour attirer Sophie au restaurant. Ayant du mal à trouver un moyen de le faire, elle décide de laisser ça pour le soir même. Elle lui trouvera une raison pour l'attirer à la Tour d'Or. Héloïse a donc tout réglé pour l'anniversaire.

After the restaurant, the next job for Heloise is to come up with an excuse to bring Sophie to the restaurant. Finding it difficult to come up with a way to do it, she decides to leave it for tonight. She will find a reason to bring her to La Tour d'Or. And so Heloise has planned everything for the birthday.

Le jour de l'anniversaire arrive très vite. Sophie est toute triste. Personne n'a pensé à son anniversaire. Elle pense que tout le monde l'a oublié. Héloïse fait croire à son amie qu'elle avait un rendez-vous avec un homme. Durant la soirée, elle appelle Sophie au téléphone pour lui faire croire qu'elle a un problème. Elle lui demande de lui venir en aide. Sophie va vite au restaurant au secours de son amie.

The day of the birthday arrives very quickly. Sophie is very sad. No one has thought of her birthday. She thinks that everyone has forgotten about it. Heloise makes her friend believe that she has a date with a man. During the evening, she calls Sophie on the phone to make her believe that she has a problem. She asks her to come help her. Sophie rushes to the restaurant to her friend's rescue.

Arrivée sur les lieux, Sophie entre vite pour y chercher son amie. Là, elle est surprise d'y trouver tous ses proches lui criant "Surprise!" Elle comprend que son amie n'a rien et qu'elle lui a juste fait une surprise pour son anniversaire: "Héloïse! Tu as quand même pensé à moi.

-Heureusement! Les amis c'est fait pour ça."

Sophie prend place et la fête peut commencer.

Once there, Sophie quickly goes in to look for her friend. There she is surprised to find all her relatives crying out "Surprise!" She understands that there's nothing wrong with her friend and that she's set up a surprise for her birthday: "Heloise! You did think of me."

"Well, yes. That's what friends are for."

Sophie takes her place and the party can begin.

Le gérant du restaurant vient en personne souhaiter un bon anniversaire à Sophie. Il se met ensuite à présenter le menu de la soirée: "Bienvenue à La Tour d'Or. Pour le diner de ce soir, Nous avons mis en place avec l'aide d'Héloïse un menu aux goûts de Sophie. En entrée nous avons prévu une salade landaise composée de laitue, d'asperges, de maïs, de pignons de pin, de tomates, de tranches de foie gras de canard, de jambon, de magret de canard fumé et de gésiers de canard pour en faire une landaise authentique. Par la suite viendra un assortiment de fruits de mer accompagné de légumes sautés. Pour le dessert, nous avons élaboré un gâteau unique. Les directives d'Héloïse nous ont beaucoup aidées. Nous sommes parvenus à faire un gâteau aux goûts de Sophie. Mais ça reste une surprise qu'on laisse pour plus tard. Passez une bonne soirée."

Tout le monde à l'air de bien apprécier. Héloïse est félicitée pour son organisation de la fête.

The restaurant manager wishes happy birthday to Sophie in person. Then he starts to explain the evening's menu: "Welcome to La Tour d'Or. For dinner this evening we have arranged, with Heloise's help, a menu that Sophie will like. To begin, we have a Landaise salad composed of lettuce, asparagus, corn, pine nuts, tomatoes, slices of duck fois gras, ham, smoked duck, and duck gizzards for an authentic Landaise. Next, we have an assortment of seafoods with sautéed vegetables. For dessert we have created a unique cake. Heloise's instructions helped us a great deal. We have managed to create a cake to suit Sophie's taste. But that remains a surprise for later. Enjoy your evening."

Everyone appears very appreciative. Heloise is congratulated for her organization of the party.

L'entrée ne met pas beaucoup de temps (mettre du temps) à arriver. Une salade landaise pour commencer ce repas d'anniversaire. Du vin vient s'ajouter au plat. Couteaux et fourchettes en main, les invités dégustent la salade qui passe toute seule. Cette entrée remporte un franc succès. Tout le monde complimente le chef. Il se déplace en personne aux tables des convives. Il tient à souhaiter un bon anniversaire à Sophie.

The first course doesn't take long to arrive. A Landaise salad to begin the birthday meal. Wine arrives as an addition. Knives and forks in hand, the guests eat the salad which goes down on its own. This course is a resounding success. Everyone compliments the chef. He moves among the guests' tables. He wants to wish happy birthday to Sophie.

Après avoir débarrassé la table et mis de nouveaux couverts, les serveurs apportent la suite, de fabuleux assortiments de fruits de mer : du crabe, des crevettes, des langoustes, des moules et même du homard composent ces plateaux. Des légumes sautés accompagnent les fruits de mer. Cette fois c'est du vin blanc que le gérant a choisi pour venir compléter cet assortiment. Sophie, Héloïse et leurs invités se régalent du repas. Hélas, même avec tous ces efforts, il y a toujours quelqu'un qui trouve à redire. Mélanie, la grande sœur de Sophie, dit qu'elle trouve que pour des fruits de mer ce n'est pas assez épicé. Cela fâche un peu le gérant qui s'est donné beaucoup de mal. Malgré cela, il demande quand même à ce qu'on lui apporte de la sauce épicée qu'il y a en cuisine. Comme ça, tout le monde est satisfait. Le repas se termine en moins de temps qu'il ne faut pour le dire et il ne reste plus aucun fruit de mer sur les plateaux.

After clearing the table and adding new cutlery, the servers bring the next course, a fabulous assortment of seafood: crab, shrimp, crayfish, mussels and even lobster make up the dishes. Sauteed vegetables accompany the seafood. This time it is white wine that the manager has chosen to accompany this assortment. Sophie, Heloise and their guests love the meal. Unfortunately, even with all this effort, someone will always find fault. Melanie, Sophie's older sister, says that she finds the seafood to not be spicy enough. This annoys the manager a bit who has worked hard. Despite this, he asks that someone bring him the spicy sauce from the kitchen. This way, everyone is satisfied. The course ends in less time than it takes to say it, and there is no seafood left on the dishes.

Héloïse est satisfaite et se dit que tout se passe bien pour son amie. Elle se retire du reste du groupe pour parler au gérant: "Pour le gâteau, vous allez attendre que je vous fasse signe. On passe d'abord à l'ouverture des cadeaux.

Heloise is satisfied and tells herself that everything is going well for her friend. She moves away from the group to speak to the manager: "For the cake, wait until I give you the signal. We'll open gifts first.

-C'est comme vous voulez Madame. J'espère que notre travail vous convient.

-Oui ! Tout le monde s'amuse.Sophie est aux anges.

-Je vous remercie.

-Il n'y a pas de quoi. Merci à vous."

"As you wish Madam. I hope our work has been acceptable."

"Yes! Everyone is enjoying themselves. Sophie is ecstatic."

"Thank you."

"Not at all. Thank you very much."

Héloïse retourne à table. En parfaite organisatrice, elle annonce la suite des événements. "C'est le moment de donner ses cadeaux à Sophie! Tiens voilà le mien.

-Merci! Qu'est-ce que c'est?

-Vas-y, ouvre-le !

-Oh! C'est le parfum que je voulais m'offrir. Merci Héloïse. C'est tellement gentil de ta part.

-Mais de rien. Allez tout le monde, donnez-lui vos cadeaux."

Sophie, toute contente, reçoit beaucoup de cadeaux. Elle les ouvre les uns après les autres: des bijoux, des vêtements, des accessoires et quelques produits cosmétiques. La jeune femme est très heureuse.

Heloise returns to the table. A perfect organizer, she announces the order of events. "It's now time to give Sophie her gifts. Here, have mine.

"Thank you! What is it?"

"Go on, open it!"

"Oh! It's the perfume I wanted to buy myself. Thank you, Heloise. That's so nice of you."

"Not at all. Come on everyone, give her your gifts."

Sophie, so happy, receives lots of gifts. She opens them one after another: jewelry, clothes, accessories and some cosmetic products. The young woman is very happy.

Après l'ouverture des cadeaux, c'est le moment du gâteau. Héloïse fait signe au personnel du restaurant pour qu'ils apportent le gâteau. Quelques secondes plus tard un chariot portant un magnifique gâteau arrive. Il est orné de 25 bougies. Tout le monde se met aussitôt à chanter "Joyeux anniversaire, joyeux anniversaire." Sophie est ravie. "Souffle les bougies! Mais d'abord

fais un vœu.” Lui dit son amie. “Oui!” Répond Sophie. Elle fait son vœu et souffle les bougies de son gâteau.

After opening the gifts, it's time for cake. Heloise signals the restaurant staff to bring the cake. A few seconds later a trolley carrying a wonderful cake arrives. It is decorated with 25 candles. Everyone starts singing "Happy birthday to you, happy birthday to you…" Sophie is delighted. "Blow out the candles! But first make a wish," says her friend. "Yes!" Sophie says. She makes her wish and blows out the candles on her cake.

Le maître des lieux revient vers eux pour leur présenter le gâteau: "voici un gâteau que nous avons conçu spécialement pour Sophie. Nous avons pris en compte ce qu'elle aimait et nous avons opté pour un gâteau au chocolat et à la fraise façon forêt noire.

The manager of the venue comes toward them to explain the cake: "Here is a cake that we created especially for Sophie. We've taken into account what she likes and have opted for a chocolate cake with strawberries, black forest style.

-Merci Monsieur.

-Je vous en prie Madame. Alors, entre chaque couche de gâteau il y a de la crème chantilly à la fraise. Le tout est recouvert d'une crème à la vanille parsemée de copeaux de chocolats et garni de morceaux de fraises.

Très bien ! Où est le couteau ? J'ai hâte d'y goûter.

-Le voilà Madame. Nous allons vous chercher des petites assiettes et de quoi servir."

"Thank you, Sir."

"You are welcome Madam. So between each layer of the cake there is strawberry Chantilly cream. The whole thing is covered with a vanilla cream sprinkled with chocolate pieces and decorated with small pieces of strawberry."

"Wonderful! Where is the knife? I can't wait to taste it."

"Here it is Madam. We're going to find you some small plates and something to serve with."

Les couverts arrivent et le gérant revient avec un seau portant une bouteille de champagne: "Voilà de quoi bien accompagner votre gâteau. C'est offert par la maison. Bon anniversaire Madame.

« Merci c'est si gentil de votre part. Joignez-vous à nous.»

The cutlery arrives and the manager returns with a bucket carrying a bottle of champagne: "Here is the best thing to go with your cake. It's on the house. Happy birthday Madam."

"Thank you, that's so nice of you. Join us."

Héloïse qui s'est occupée de couper le gâteau, apporte une part au gérant qui la remercie. Tout le monde apprécie le bon gâteau.

Héloïse a réussi son pari et elle a organisé une superbe fête pour son amie. Le repas d'anniversaire se termine dans la joie.

Heloise who is taking care of cutting the cake, carries a piece to the manager and thanks him. Everyone likes the lovely cake.

Heloise achieved her goal and has organized a superb party for her friend. The birthday meal ends joyfully.

Héloïse propose à son amie de l'accompagner chez elle pour l'aider à porter tous ses cadeaux. Sophie est contente. Les deux amies remercient les invités et les raccompagnent avant de s'en aller elles-mêmes. Un serveur vient et leur tend des paquets: "Madame. Vous oubliez les restes du gâteau.

-Les restes du gâteau?!

-Oui il en reste. Ce serait dommage de les gâcher.

-Oui mais justement ça ne sera pas du gâchis. Reprenez-les et mangez ce qui reste du gâteau avec vos collègues.

-Oh ! Merci infiniment Madame.

-Je vous en prie."

Heloise suggests accompanying her friend home to help carry all the gifts. Sophie is pleased. The two friends thank the guests and see them to the door before leaving themselves. A waiter comes and gives them some packages: "Madam, you are forgetting the rest of the cake."

"The rest of the cake?!"

"Yes, there is some left. It would be a shame to let it go to waste."

"Yes, but really it won't be wasted. Take it back and eat what is left with your colleagues."

"Oh! Thank you so much Madam."

"You're welcome."

Sophie regarde son amie d'un air étonné et lui dit: "Depuis quand tu laisses du gâteau toi?"

-Depuis qu'on a ces sacs remplis de cadeaux à porter. Nous n'avons pas de troisièmes bras pour porter plus de paquets.

-Je vois. Ça m'avait étonnée.

-Oui. En plus vu que tu es une habituée, ces bonnes actions te favoriseront par rapport aux autres clients. Tu auras sûrement des trucs offerts.

-Je vois que tu penses à tout toi."

Sophie looks at her friend with a bewildered look and says: "Since when did you leave cake?"

"Since I have bags full of gifts to carry. We don't have a third arm to carry the packages."

"I see. It surprised me, that's all."

"Yes. Even more, seeing as you are a repeat customer, these good deeds will favor you over other customers. You will surely have things offered to you."

"I see that you think of everything."

Sur le chemin, vers la station du métro, Héloïse et Sophie discutent de la soirée: "Héloïse. C'est si gentil de ta part d'avoir fait tout ça. Je pensais que tout le monde m'avait oubliée.

-C'était fait exprès. J'ai demandé à tout le monde de jouer le jeu. C'était une belle surprise, non?

-Ça pour une surprise, s'en était une. J'ai vraiment pensé que tu avais un problème.

-Pardon pour ça!

-Ce n'est pas grave. Merci beaucoup. C'était magnifique. Sûrement le meilleur anniversaire que j'ai eu.

-Mais de rien, rien n'est trop beau pour toi."

On the way to the metro station, Heloise and Sophie discuss the evening: "Heloise, it's so nice of you to have done all that. I was thinking that everyone had forgotten me."

"That was on purpose. I asked everyone to play along. It was a good surprise, wasn't it?"

"It certainly was a surprise. I truly thought you had a problem."

"Sorry about that!"

"That's okay. Thanks very much. It was terrific. Surely the best birthday I've ever had."

"You're welcome, nothing is too good for you."

Elles prennent ensuite le métro et partent chez Sophie. Arrivées chez celle-ci, comme il se fait tard, elle invite Héloïse à passer la nuit chez elle. Vu que le lendemain est un samedi, Héloïse accepte l'invitation. Et ainsi se termine cette soirée d'anniversaire.

Then they take the metro and head for Sophie's. When they get there, as it's late, she invites Heloise to spend the night at her house. Since the next day is a Saturday, Heloise accepts the invitation. And thus ends the birthday evening.

HISTOIRE 7/STORY 7:
UNE SOIRÉE AU CINÉMA

Les choses ont beaucoup évolué pour Robin depuis **sa venue** dans son nouveau lycée. Il s'est fait beaucoup d'amis et **est devenu** très populaire. Les choses **semblent aller pour le mieux** aussi entre lui et la belle Sandrine. Le jeune garçon a de vrais sentiments pour elle. Il envisage de les lui avouer mais il n'ose pas encore le faire. **Profitant** d'une discussion avec son ami Jean, il lui demande des **conseils**: "Dis-moi Jean. Toi, tu as beaucoup de succès auprès des filles. Comment tu fais pour les inviter à **sortir avec toi**?

Sa venue - *his arrival*

Est devenu - *has become*

Semblent aller pour le mieux - *seem to be fine*

Profitant - *taking advantage of*

Conseils - *advice*

Sortir avec toi - *to go out with you*

-Eh Bien! Il n'y a pas de secret pour ça. Tu vas la voir et tu lui demandes.

-Ce n'est pas aussi simple! Surtout quand il s'agit d'une bonne amie à toi.

-Bonne amie?! Tu es **amoureux** de Sandrine?

-Je **n'irai pas jusqu'à dire** que je suis **fou d'elle**, mais y a quelque chose de particulier. C'est une fille assez **mignonne** et **sympa**. Elle est aussi la première à m'avoir parlé quand je suis arrivé ici.

-**Allez, avoue** que tu l'aimes!

-Oui bon! C'est vrai. Je l'aime et j'aimerai l'inviter à sortir pour le lui dire. Je ne sais ni comment le faire ni où **l'emmener**.

-Tu n'as qu'à l'inviter chez toi pour voir un film et tu lui diras que tu l'aimes. Elle **a l'habitude** de venir chez toi non?

-Oui **certes**, mais c'était pour réviser et non lui **avouer** mes **sentiments**.

-Tu n'as qu'à reprendre mon idée, l'inviter au cinéma pour voir un film romantique, puis **vous promener** au parc qui est à côté. Là, tu lui avoueras tout.

-**En voilà** une bonne idée ! Je vais le lui dire après les cours."

Amoureux - *in love*	
N'irai pas jusqu'à dire - *I wouldn't say that*	
Fou d'elle - *crazy about her*	
Mignonne - *cute*	
Sympa - *nice*	
Allez, avoue - *Come on, admit*	
L'emmener - *to take her*	
A l'habitude - *used to*	
Certes - *certainly*	
Avouer - *to confess*	
Sentiments - *feelings*	
Vous promener (se promener) - *to take a walk*	
En voilà - *and here is*	

La journée au lycée **se poursuit normalement**. À la **fin** des **cours**, Robin est avec Sandrine et il lui parle de ses projets pour le week-end: "Dis-moi Sandrine, tu fais quoi ce week-end?

-Je n'ai rien de prévu. Pourquoi?!

-**Ben** si tu n'as rien à faire, qu'est-ce que tu penses de sortir avec moi?

-Sortir avec toi?!

-Oui, j'ai envie d'aller au cinéma. Tu ne veux pas venir avec moi?

-Si si! Je veux bien. Ça va être super.

-Ah! Génial. On y va samedi soir?

-Oui, c'est parfait. On va **se mettre d'accord** sur l'heure demain? **Je dois** y aller maintenant, à demain!

-**À plus** Sandrine!"

Se poursuit normalement -	*continues as normal/normally*
Fin -	*end*
Cours -	*classes*
Ben -	*well*
Se mettre d'accord -	*to make a decision/to decide*
Je dois y aller -	*I have got to go/I must go*
À plus! -	*see you!*

Robin, **aux anges** pour son premier rendez-vous, court rentrer **chez lui**.

Une fois chez lui, Robin prend son ordinateur. Il y cherche les films que proposent les salles de cinéma de la ville pour samedi. Comme il **a en tête** de voir un film romantique avec Sandrine, les recherches lui sont très facilitées. Le jeune homme trouve facilement une salle qui propose un film à la fois romantique et dramatique. Maintenant, Robin a toutes les informations qu'il lui faut pour proposer **concrètement** à Sandrine une soirée au cinéma avec lui.

Aux anges -	*thrilled*
Chez lui -	*at his place*
A en tête -	*has in mind*
Concrètement -	*concretely*

Le lendemain matin, Robin va voir Sandrine. Il lui parle de ses **trouvailles** de la veille: Bonjour Sandrine.

-Bonjour Robin. Ça va?

-Ouais ça va merci, et toi?

-Je vais bien aussi, merci. Alors? Le cinéma?

-Oui, justement. Hier soir, j'ai fait quelques petites recherches sur internet. **Ils passent** "Le temps d'un automne" au Louxor, samedi soir.

-Super! J'ai toujours adoré ce film. Mandy Moore est l'une de mes actrices préférées. Quand le film est sorti, c'était une grande **vedette**. Je suis ravie de le voir sur le grand **écran** ça sera la toute première fois.

-Mandy Moore, c'est **l'interprète** du **premier rôle féminin**, n'est-ce pas?

-Oui, sa chanson dans le film est tellement belle ! C'est la scène que je préfère dans le film. La séance est pour quelle heure?

-**Tant mieux alors**. Le film commence à 20h50. Je **passe te chercher** à 20h30? Je vais prendre la voiture de mon père.

-Oui, c'est d'accord. **Vite!** Allons en cours maintenant."

Les deux **adolescents** partent en classe. La journée de cours se passe **le plus normalement du monde** et la semaine se finit très vite.

Trouvailles -	*findings*
Ils passent -	*they are showing*
Vedette -	*star*
Écran -	*screen*
L'interprète -	*the performer*
Premier rôle féminin -	*leading actress*
Tant mieux alors -	*then all the better*
Passe te chercher -	*going to/will pick you up*
Vite -	*quickly*
Adolescents -	*teenagers*
Le plus normalement du monde -	*as usual*

Samedi arrive très rapidement. Robin est **tout excité à l'idée** de sortir avec la fille qu'il aime. Le soir même, il passe même beaucoup de temps à se choisir une **tenue adéquate** pour l'occasion. Après une longue **séance d'essayage**, il arrive enfin à se décider. Il opte pour une tenue **classe et décontractée**, de quoi séduire la **charmante** Sandrine.

L'heure du rendez-vous approche et Robin devient de plus en plus nerveux. À 20h, il prend la voiture de son père et part chercher Sandrine Arrivé là-bas, il trouve Sandrine en train entrain de l'attendre sur le **pas de la porte**. Robin la **klaxonne** et elle monte en voiture. Le jeune homme discute avec elle avant de **reprendre la route:**

"Bonsoir Sandrine. Tu es **très en beauté** ce soir.

-Bonsoir. Merci. Toi aussi tu es particulièrement beau ce soir.

-C'est gentil, merci. On y va?

-Oui!"

Tout excité à l'idée- ***all excited about***	
Tenue adéquate - ***appropriate clothing/suitable outfit***	
Séance d'essayage - ***fitting session***	
Classe et décontractée - ***classy and relaxed***	
Charmante - ***charming***	
Pas de la porte - ***doorstep***	
Klaxonne - ***honks/beeps***	
Reprendre la route - ***to hit the road again***	
Très en beauté - ***very beautiful/stunning***	

Et la voiture **redémarre**. Arrivés au cinéma, ils sont surpris de voir qu'il n y a pas **beaucoup de monde**. Cela **met** Robin vraiment plus **à l'aise (mettre à l'aise)**. Il se dit que ça ne sera pas difficile d'**avouer ses sentiments** à Sandrine. Robin va acheter les billets, du popcorn et des sodas. Ils **prennent place (prendre place) par la suite**. L'employé du cinéma/ le surveillant passe **vérifier** les **billets** des **spectateurs** et avant le **début de la séance** Robin essaye de discuter un peu avec **sa belle**:

"J'espère que tu aimes le popcorn et le soda, sinon je vais aller te chercher autre chose.

Redémarre - ***restarts***	
Beaucoup de monde - ***many people***	
Met - ***puts***	
À l'aise - ***comfortable/at ease***	
Mettre à l'aise - ***to put at ease***	
Avouer ses sentiments - ***to confess his feelings***	
Prennent place par la suite - ***then they take their places***	
Prendre place - ***to sit***	
L'ouvreur - ***the usher***	
Vérifier - ***to check/to verify***	
Billets - ***tickets***	
Spectateurs - ***audience/spectators***	

Début de la séance - *beginning of the session*
Sa belle - *his beauty*

-**Ce n'est pas la peine**. C'est **parfait**.

-Très bien alors. Dis, tu savais que ce film est en fait **une adaptation** d'un livre ?

-Oui **je l'ai lu**. Comme je l'ai lu après avoir vu le film, c'était plus facile d'imaginer les personnages. En fait, ce n'est pas vraiment une adaptation mais le **réalisateur** et le **scénariste** du film se sont inspirés du livre. Les Américains sont vraiment doués pour ça.

-Je vois. Honnêtement, toi, tu préfères le livre ou le film? Beaucoup préfèrent les films à la lecture.

-**Franchement** j'aime les deux, et toi tu préfères quoi?

-Aucun! J'aime les deux aussi. Que ce soit la littérature ou le cinéma, les deux sont des arts **époustouflants**. Ils **se complètent**, on voit des adaptations de l'un vers l'autre.

-Super. C'est la première fois que je viens au Louxor. **La plupart du temps** on va à La Bastille avec ma famille.

-C'est la première fois pour moi aussi. C'est une assez belle salle je trouve. Elle est très grande, mais il n'y a pas beaucoup de monde ce soir.

-Oui, je préfère. On pourra bien apprécier le film comme ça."

Ce n'est pas la peine - *It is not worth it*
Parfait - *perfect*
Une adaptation - *an adaptation*
Je l'ai lu - *I have read it*
Réalisateur - *director*
Scénariste - *scriptwriter*
Franchement - *honestly/frankly*
Époustouflants - *breathtaking/mind-blowing*
Se complètent - *complete one another*
La plupart du temps - *most of the time*

Leur discussion est **interrompue** par le début du film. Le film est très riche en émotions. Les minutes **passent par dizaines** sans se faire ressentir. Sandrine est très **prise par le film**. Elle ne prête pas beaucoup d'attention au pauvre Robin. Il en **désespérerait** sûrement s'il n'était pas lui aussi absorbé par le film. La **fameuse**

scène de la chanson arrive enfin. Sandrine, **prise d'émotion** lors de cette scène, prend la main de Robin. Le jeune homme est **tout à coup ramené à la réalité** et il **serre la main** de sa voisine. Le film continue et son **déroulement** inspire Robin et touche énormément la jeune Sandrine.

Interrompue - *interrupted*	
Passent par dizaines - *pass quickly*	
Prise par le film - *taken by the film/concentrated on the film*	
Désespérerait - *would have lost hope*	
Fameuse scène - *famous scene*	
Prise d'émotion - *feeling emotional/moved*	
Tout à coup ramené à la réalité - *suddenly brought back to reality*	
Serre la main- *holds her hand tightly*	
Déroulement - *progress*	

Le film terminé, Robin demande à Sandrine ses réactions sur le film:

"Alors, tu as aimé le voir sur grand écran?

-Oui, c'était **merveilleux**. Ça me touche vraiment beaucoup ce genre d'histoire. Merci Robin pour ce film.

-De rien. On en fera d'autres encore comme ça, si tu veux.

-Oui, **j'en serai vraiment ravie**.

-Les décors sont magnifiques. Ces paysages d'Amérique profonde sont très **propices** à ce genre d'histoire. J'aime également l'évolution des **personnages** le long du film.

-Moi aussi. Tout est vraiment parfait dans ce film. Les décors, le scénario, les acteurs, les **figurants, le maquillage, l'éclairage** tout, mais vraiment tout y est parfait !

-Haha! Je vois que tu l'aimes beaucoup. Bon on y va maintenant?

-D'accord, allons-y."

Merveilleux - *wonderful*	
J'en serai vraiment ravie - *I will be so delighted to*	
Propices - *suitable*	
Personnages - *characters*	
Figurants - *extras (for a movie)*	
Le maquillage - *the makeup*	
L'éclairage - *the lighting*	

À la sortie du cinéma, comme il n'était pas très tard, Robin propose à Sandrine d'aller **faire un tour** dans le parc qui n'était pas loin. La jeune fille accepte. Elle, qui aime les **promenades nocturnes**, ne pouvait refuser. Ce soir-là, il fait assez **doux** et le ciel est bien **clair**, ça leur permettra de bien voir les étoiles.

Faire un tour - *to go for a walk*

Promenades nocturnes - *night walks*

Doux - *pleasant*

Clair - *bright/clear*

Arrivés au parc, les jeunes amis discutent **en marchant**. Sandrine parle encore du film :

"Je ne pensais pas que tu aimais les films romantiques ! En général, les garçons ne sont pas très romantiques.

-Ce n'est pas mon cas. Je suis très romantique **comme gars**. En fait, même les autres garçons le sont aussi, mais ils ne le montrent pas **forcément**.

-Je crois que tu as raison. Il faut vraiment **côtoyer** un garçon pour bien le connaître. Un film comme "Le Temps d'un automne" est un **excellent moyen** pour découvrir ce genre de choses. L'affection qui **naît** entre les personnages est si forte. Il faut dire que même à la lecture du **roman** on **ressent ça**. De plus, la distribution est très bien faite. Ils ont choisi de super bons comédiens.

-Oui et l'histoire nous montre **à quel point** la vie est précieuse. Tu ne trouves pas ?

-Oui je trouve aussi. La vie **passe** assez vite."

En marchant - *while walking*

Comme gars - *for a guy*

Forcément - *necessarily*

Côtoyer - *to mix with*

Excellent moyen - *great way*

Naît (naître) - *emerges (to emerge; lit: to be born)*

Roman - *novel*

Ressent ça (ressentir) - *feels it (to feel)*

À quel point- *how much*

Passé - *goes by*

En entendant ces mots Robin pense que c'est le bon moment pour lui. Il se dit qu'il peut enfin lui avouer ses sentiments. **Prenant son courage à deux mains**, Robin se lance:

"Sandrine, j'ai quelque chose à t'avouer."

> En entendant - ***upon hearing***
>
> Prenant son courage à deux mains - ***taking his courage in both hands/ gathering his courage***

La jeune fille avec un **petit air étonné** se retourne vers Robin et attend d'entendre ce que le jeune homme veut lui dire. Robin reprend:

"On se connaît depuis un certain temps maintenant. Je ne te **cacherais** pas que je ressens plus que de l'amitié pour toi. Tu es une fille sympa, **sûre de toi** et tellement adorable. Ton influence sur moi est magique, personne n'a jamais su **me faire sortir de ma coquille** comme toi. Je suis amoureux de toi Sandrine.

-Eh bien! Je m'attendais à une telle déclaration, **mais pas à tout ça**. Robin tu es si gentil, je ne pensais pas que je t'inspirais **autant de choses**. Moi aussi je suis amoureuse de toi. J'ai eu des sentiments dès le début, dès que tu es arrivé au lycée. Au moment où tu es entré dans la **salle de cours**, je t'avais tout de suite remarqué et je me suis dit qu'il fallait que je te parle. Je n'ai jamais pu t'avouer mes sentiments, j'espérais que ce soit toi qui le fasses. Ce soir je suis tellement heureuse d'être avec toi. Je t'aime Robin."

> Petit air étonné - ***slightly surprised look***
>
> Cacherai - ***will hide***
>
> Sûre de toi - ***self-confident***
>
> Me faire sortir de ma coquille - ***to make me come out of my shell***
>
> Mais pas à tout ça - ***but notall that***
>
> Autant de choses - ***so many things***
>
> Salle de cours - ***classroom***

Sur ces mots, le jeune homme prend l'initiative de l'embrasser. Le baiser est très bien accueilli par Sandrine. Les deux amoureux ne tardent pas et Robin **reconduit** Sandrine **chez elle**. Les deux adolescents sont aux anges.

> Sur ces mots - ***with these words***
>
> Reconduit chez elle (reconduire quelqu'un chez lui) - ***drives her home (to drive someone home)***

Le weekend se termine et lundi arrive vite. Au lycée, tout le monde est surpris de voir Sandrine et Robin arriver **main dans la main** en cours. Jean court les voir pour les **féliciter**:

"**Alors ça y est?** Vous êtes officiellement ensemble?"

Main dans la main - *hand in hand*

Féliciter - *to congratulate*

Alors ça y est? - *So that's it?*

Sandrine lui **répond avec beaucoup d'assurance** que oui et que rien ne les séparera. **La sonnerie retentit** et tout le monde part en cours. La vie reprend son cours **sauf que cette fois** Robin est en couple avec la belle Sandrine.

Répond avec beaucoup d'assurance (répondre) - *answers with great confidence (to answer)*

La sonnerie retentit (retentir) - *the bell rings (to ring)*

Sauf que cette fois - *except that this time*

VOCABULARY RECAP 7

Sa venue - *his arrival*

Est devenu - *has become*

Semblent aller pour le mieux - *seem to be fine*

Profitant - *taking advantage of*

Conseils - *advice*

Sortir avec toi - *to go out with you*

Amoureux - *in love*

N'irai pas jusqu'à dire - *I wouldn't say that*

Fou d'elle - *crazy about her*

Mignonne - *cute*

Sympa - *nice*

Allez, avoue - *Come on, admit*

L'emmener - *to take her*

A l'habitude - *used to*

Certes - *certainly*

Avouer - *to confess*

Sentiments - *feelings*

Vous promener (se promener) - *to take a walk*

En voilà - *and here is*

Se poursuit normalement - *continues as normal/normally*

Fin - *end*

Cours - *classes*

Ben - *well*

Se mettre d'accord - *to make a decision/to decide*

Je dois y aller - *I have got to go/I must go*

À plus! - *see you!*

Aux anges - *thrilled*

Chez lui - *at his place*

A en tête - *has in mind*

Concrètement - *concretely*

Trouvailles - *findings*

Ils passent - *they are showing*

Vedette - *star*

Écran - *screen*

L'interprète - *the performer*

Premier rôle féminin - *leading actress*

Tant mieux alors - *then all the better*

Passe te chercher - *going to/will pick you up*

Vite - *quickly*

Adolescents - *teenagers*

Le plus normalement du monde - *as usual*

Tout excité à l'idée - *all excited about*

Tenue adéquate - *appropriate clothing/suitable outfit*

Séance d'essayage - *fitting session*

Classe et décontractée - *classy and relaxed*

Charmante - *charming*

Pas de la porte - *doorstep*

Klaxonne - honks/beeps

Reprendre la route - *to hit the road again*

Très en beauté - *very beautiful/stunning*

Redémarre - *restarts*

Beaucoup de monde - *many people*

Met - *puts*

À l'aise - *comfortable/at ease*

Mettre à l'aise - *to put at ease*

Avouer ses sentiments - *to confess his feelings*

Prennent place par la suite - *then they take their places*

Prendre place - *to sit*

L'ouvreur - *the usher*

Vérifier - *to check/to verify*

Billets - *tickets*

Spectateurs - *audience/spectators*

Début de la séance - *beginning of the session*

Sa belle - *his beauty*

Ce n'est pas la peine - *It is not worth it*

Parfait - *perfect*

Une adaptation - *an adaptation*

Je l'ai lu - *I have read it*

Réalisateur - *director*

Scénariste - *scriptwriter*

Franchement - *honestly/frankly*

Époustouflants - *breathtaking/mind-blowing*

Se complètent - *complete one another*

La plupart du temps - *most of the time*

Interrompue - *interrupted*

Passent par dizaines - *are passing quickly*

Prise par le film - *taken by the film/concentrated on the film*

Désespérerait - *would have lost hope*

Fameuse scène - *famous scene*

Prise d'émotion - *feeling emotional/moved*

Tout à coup ramené à la réalité - *suddenly brought back to reality*

Serre la main - *holds her hand tightly*

Déroulement - *progress*

Merveilleux - *wonderful*

J'en serai vraiment ravie - *I will be so delighted to*

Propices - *suitable*

Personnages - *characters*

Figurants - *extras (for a movie)*

Le maquillage - *the makeup*

L'éclairage - *the lighting*

Faire un tour - *to go for a walk*

Promenades nocturnes - *night walks*

Doux - *pleasant*

Clair - *bright/clear*

En marchant - *while walking*

Comme gars - *for a guy*

Forcément - *necessarily*

Côtoyer - *to mix with*

Excellent moyen - *great way*

Naît (naître) - *emerges (to emerge; lit: to be born)*

Roman - *novel*

Ressent ça (ressentir) - *feels it (to feel)*

À quel point - *how much*

Passé - *goes by*

En entendant - *upon hearing*

Prenant son courage à deux mains - *taking his courage in both hands/ gathering his courage*

Petit air étonné - *slightly surprised look*

Cacherai - *will hide*

Sûre de toi - *self-confident*

Me faire sortir de ma coquille - *to make me come out of my shell*

Mais pas à tout ça - *but not all that*

Autant de choses - *so many things*

Salle de cours - *classroom*

Sur ces mots - *with these words*

Reconduit chez elle (reconduire quelqu'un chez lui) - *drives her home (to drive someone home)*

Main dans la main - *hand in hand*

Féliciter - *to congratulate*

Alors ça y est? - *So that's it?*

Répond avec beaucoup d'assurance (répondre) - *answers with great confidence (to answer)*

La sonnerie retentit (retentir) - *the bell rings (to ring)*

Sauf que cette fois - *except that this time*

PRACTICE YOUR WRITING

Write a short summary of this story.

Sample:

Surles conseils de son ami Jean, Robin décide d'inviter Sandrine au cinéma pour lui avouer ce qu'il ressent pour elle. Plus tard dans la journée, Robin propose ça à Sandrine et elle accepte avec joie.

Après une recherche sur internet, c'est "Le Temps d'un automne" qui passera samedi soir au Louxor que Robin choisit. Le lendemain au lycée, il propose ça à Sandrine. Le film étant un de ses préférés, la jeune fille saute de joie. Ils décident d'un rendez-vous et le tour est joué.

La semaine passe vite et le fameux jour est arrivé. Robin prend la voiture de son père et part chercher Sandrine. Arrivé chez elle, la jeune fille, **très en beauté** monte dans la voiture et ils partent au cinéma.

Très en beauté - *looking very beautiful/stunning*

Arrivés au cinéma, les jeunes amis sont **émerveillés** par la salle. Robin, lui, est content de voir qu'il n'y a pas beaucoup de monde. Avant le début de la séance, Sandrine et Robin ont le temps de discuter du film. Le film commence et tout le monde s'émerveille, le film est très riche en émotions.

Emerveillés - *amazed*

Après le film, Robin emmène Sandrine au parc pour s'y promener et il se décide à lui **ouvrir son cœur**. Elle partage les mêmes sentiments pour lui. Voilà que les deux amoureux sont enfin ensemble.

Ouvrir son cœur - *to open his heart (meaning: to confess)*

Le lundi suivant, ils surprennent tout le monde au lycée et annoncent officiellement qu'ils sont ensemble.

TRANSLATION

Les choses ont beaucoup évolué pour Robin depuis sa venue dans son nouveau lycée. Il s'est fait beaucoup d'amis et est devenu très populaire. Les choses semblent aller pour le mieux aussi entre lui et la belle Sandrine. Le jeune garçon a de vrais sentiments pour elle. Il envisage de les lui avouer mais il n'ose pas encore le faire. Profitant d'une discussion avec son ami Jean, il lui demande des conseils: "Dis-moi Jean. Toi, tu as beaucoup de succès auprès des filles. Comment tu fais pour les inviter à sortir avec toi?

Things have evolved a great deal for Robin since his arrival at his new school. He has made himself many friends and has become very popular. Things also seem to be going fine between him and his girlfriend Sandrine. The young man has real feelings for her. He is considering declaring them but he doesn't dare just yet. Taking advantage of a discussion with his friend John, he asks him his advice. "Tell me, John. You have a lot of success with girls. How do you ask them to go out with you?

-Eh Bien! Il n'y a pas de secret pour ça. Tu vas la voir et tu lui demandes.

-Ce n'est pas aussi simple! Surtout quand il s'agit d'une bonne amie à toi.

-Bonne amie?! Tu es amoureux de Sandrine?

-Je n'irai pas jusqu'à dire que je suis fou d'elle, mais y a quelque chose de particulier. C'est une fille assez mignonne et sympa. Elle est aussi la première à m'avoir parlé quand je suis arrivé ici.

-Allez, avoue que tu l'aimes!

-Oui bon! C'est vrai. Je l'aime et j'aimerai l'inviter à sortir pour le lui dire. Je ne sais ni comment le faire ni où l'emmener.

-Tu n'as qu'à l'inviter chez toi pour voir un film et tu lui diras que tu l'aimes. Elle a l'habitude de venir chez toi non?

-Oui certes, mais c'était pour réviser et non lui avouer mes sentiments.

-Tu n'as qu'à reprendre mon idée, l'inviter au cinéma pour voir un film romantique, puis vous promener au parc qui est à côté. Là, tu lui avoueras tout.

-En voilà une bonne idée ! Je vais le lui dire après les cours."

"Sure! There's no secret there. You go and see her and you ask her."

"It's not that simple! Especially when it's a good friend of yours."

"A good friend?! You are in love with Sandrine?"

"I wouldn't go so far as saying I'm crazy for her but there is something there. She's quite cute and nice. She was also the first to speak to me when I arrived here."

"Go ahead, tell her you like her!"

"Okay! It's true. I like her and I would like to ask her out to tell her. I don't know how to do it, or where to take her."

"You'll just invite her to your house to watch a movie and then you'll tell her that you like her. She is used to coming to your house, isn't she?"

"Yeah sure, but to study and not to tell her my feelings."

"You only have to take part of my idea, invite her to the cinema for a romantic film, then take a walk in the park next door. Then you'll tell her everything."

"Now that's a good idea! I will tell her after classes."

La journée au lycée se poursuit normalement. À la fin des cours, Robin est avec Sandrine et il lui parle de ses projets pour le week-end: "Dis-moi Sandrine, tu fais quoi ce week-end?

-Je n'ai rien de prévu. Pourquoi?!

-Ben si tu n'as rien à faire, qu'est-ce que tu penses de sortir avec moi?

-Sortir avec toi?!

-Oui, j'ai envie d'aller au cinéma. Tu ne veux pas venir avec moi?

-Si si! Je veux bien. Ça va être super.

-Ah! Génial. On y va samedi soir?

-Oui, c'est parfait. On va se mettre d'accord sur l'heure demain? Je dois y aller maintenant, à demain!

-À plus Sandrine!"

The day at school proceeds normally. At the end of classes, Robin is with Sandrine and tells her of his weekend plans: "Tell me Sandrine, what are you doing this weekend?"

"I have nothing planned. Why?"

"Well if you have nothing to do, what do you think about going out with me?"

"Going out with you?!"

"Yes, I want to go to the cinema. You don't want to come with me?"

"Yes, yes, I would like that very much. That'll be great."

"Ah! Nice. Shall we go Saturday night?"

"Yes, that's perfect. We can make a decision on the time tomorrow? I've got to go now, until tomorrow!"

"See you later, Sandrine!"

Robin, aux anges pour son premier rendez-vous, court rentrer chez lui.

Une fois chez lui, Robin prend son ordinateur. Il y cherche les films que proposent les salles de cinéma de la ville pour samedi. Comme il a en tête de voir un film romantique avec Sandrine, les recherches lui sont très facilitées. Le jeune homme trouve facilement une salle qui propose un film à la fois romantique et dramatique. Maintenant, Robin a toutes les informations qu'il lui faut pour proposer concrètement à Sandrine une soirée au cinéma avec lui.

Robin, thrilled about his first date, runs home.

Once at home, Robin takes his computer. He looks for movies that the cinemas in town are showing on Saturday. Since he's thinking of seeing a romantic film with Sandrine, the research is very easy. The young man easily finds a theater that's showing a movie that is both a romance and a drama. Now Robin has all the information he needs for firming up an evening at the movies to Sandrine.

Le lendemain matin, Robin va voir Sandrine. Il lui parle de ses trouvailles de la veille: Bonjour Sandrine.

-Bonjour Robin. Ça va?

-Ouais ça va merci, et toi?

-Je vais bien aussi, merci. Alors? Le cinéma?

-Oui, justement. Hier soir, j'ai fait quelques petites recherches sur internet. Ils passent "Le temps d'un automne" au Louxor, samedi soir.

-Super! J'ai toujours adoré ce film. Mandy Moore est l'une de mes actrices préférées. Quand le film est sorti, c'était une grande vedette. Je suis ravie de le voir sur le grand écran ça sera la toute première fois.

-Mandy Moore, c'est l'interprète du premier rôle féminin, n'est-ce pas?

-Oui, sa chanson dans le film est tellement belle ! C'est la scène que je préfère dans le film. La séance est pour quelle heure?

-Tant mieux alors. Le film commence à 20h50. Je passe te chercher à 20h30? Je vais prendre la voiture de mon père.

-Oui, c'est d'accord. Vite! Allons en cours maintenant."

Les deux adolescents partent en classe. La journée de cours se passe le plus normalement du monde et la semaine se finit très vite.

The next morning, Robin goes to see Sandrine. He tells her what he founf out the day before: "Hello Sandrine."

"Hello Robin. Are you okay?"

"Yes, okay thanks, and you?"

"I'm good also, thanks. So, the cinema?"

"Yes, exactly. Last night I did a little research on the internet. They're playing "Le Temps d'un Automne" at the Louxor, Saturday night."

"Super! I have always loved that film. Mandy Moore is one of my favorite actresses. When the film came out, it launched her career. I am thrilled to see it on the big screen, it will be the first time."

"Mandy Moore, she is the female lead role, doesn't she?"

"Yes, her song in the film is so beautiful! That's my favorite scene in the film. What time is the showing?"

"Thank goodness. The movie starts at 8:50 PM. Sahll I pick you up at 8:30 PM? I'm going to borrow my father's car."

"Yes, okay. Quick, let's get to class now."

The two teens leave for class. The day of classes passes as usual and the week ends quickly.

Samedi arrive très rapidement. Robin est tout excité à l'idée de sortir avec la fille qu'il aime. Le soir même, il passe même beaucoup de temps à se choisir une tenue adéquate pour l'occasion. Après une longue séance d'essayage, il arrive enfin à se décider. Il opte pour une tenue classe et décontractée, de quoi séduire la charmante Sandrine.

L'heure du rendez-vous approche et Robin devient de plus en plus nerveux. À 20h, il prend la voiture de son père et part chercher Sandrine Arrivé là-bas, il trouve Sandrine entrain de l'attendre sur le pas de la porte. Robin la klaxonne et elle monte en voiture. Le jeune homme discute avec elle avant de reprendre la route:

"Bonsoir Sandrine. Tu es très en beauté ce soir.

-Bonsoir. Merci. Toi aussi tu es particulièrement beau ce soir.

-C'est gentil, merci. On y va?

-Oui!"

Saturday comes around very quickly. Robin is really excited about the idea of going out with the girl he likes. That evening he spends a lot of time choosing an outfit suitable for the occasion. After a long time trying things on, he finally makes a decision. He opts for a classy and relaxed outfit in which to seduce the charming Sandrine.

The time for the date approaches and Robin becomes more and more nervous. At 8 o'clock he takes his father's car and leaves to get Sandrine. When he arrives there, he finds Sandrine waiting for him on the doorstep. Robin beeps the horn and she climbs into the car. The young man chats with her before hitting the road again.

"Good evening Sandrine. You are very beautiful this evening."

"Good evening. Thank you. You are also particularly handsome this evening."

"That's nice, thanks. Shall we go?"

"Yes!"

Et la voiture redémarre. Arrivés au cinéma, ils sont surpris de voir qu'il n y a pas beaucoup de monde. Cela met Robin vraiment plus à l'aise (mettre à l'aise). Il se dit que ça ne sera pas difficile d'avouer ses sentiments à Sandrine. Robin va acheter les billets, du popcorn et des sodas. Ils prennent place (prendre place) par la suite. L'employé du cinéma/ le surveillant passe vérifier les billets des spectateurs et avant le début de la séance Robin essaye de discuter un peu avec sa belle:

"J'espère que tu aimes le popcorn et le soda, sinon je vais aller te chercher autre chose.

And the car sets off again. Arriving at the cinema, they are surprised to find that there aren't many people. This puts Robin more at ease. He tells himself that it won't be difficult to declare his feeling for Sandrine. Robin goes to buy the tickets, some popcorn and sodas. Then they take their seats. The usher checks the viewers' tickets and before the show starts, Robin tries to chat a bit with his sweetheart:

"I hope you like popcorn and soda, otherwise I will go get something else for you."

-Ce n'est pas la peine. C'est parfait.

-Très bien alors. Dis, tu savais que ce film est en fait une adaptation d'un livre ?

-Oui je l'ai lu. Comme je l'ai lu après avoir vu le film, c'était plus facile d'imaginer les personnages. En fait, ce n'est pas vraiment une adaptation mais le réalisateur et le scénariste du film se sont inspirés du livre. Les Américains sont vraiment doués pour ça.

-Je vois. Honnêtement, toi, tu préfères le livre ou le film? Beaucoup préfèrent les films à la lecture.

-Franchement j'aime les deux, et toi tu préfères quoi?

-Aucun! J'aime les deux aussi. Que ce soit la littérature ou le cinéma, les deux sont des arts époustouflants. Ils se complètent, on voit des adaptations de l'un vers l'autre.

-Super. C'est la première fois que je viens au Louxor. La plupart du temps on va à La Bastille avec ma famille.

-C'est la première fois pour moi aussi. C'est une assez belle salle je trouve. Elle est très grande, mais il n'y a pas beaucoup de monde ce soir.

-Oui, je préfère. On pourra bien apprécier le film comme ça."

"No, don't worry. This is perfect."

"Great. So, did you know that this film is adapted from a book?"

"Yes, I've read it. As I read it after seeing the film, it was easier to imagine the characters. Actually, it's not really an adaptation but rather the director and the scriptwriter were inspired by the book. The Americans are very talented at that."

"I see. Honestly, do you prefer the book or the movie? Many prefer films over reading."

"Frankly, I like both, and you, which do you prefer?"

"Neither! I like them both too. Whether it is literature or cinema, the two artforms are breathtaking. They complete each other, you see adaptations from one to another."

"Super. This is the first time I've been to the Louxor. Most of the time I go to the Bastille with my family."

"It's the first time for me too. This is a nice enough theater I think. It's very big but there aren't many people here tonight."

"Yes, I prefer it. You can really appreciate the film this way."

Leur discussion est interrompue par le début du film. Le film est très riche en émotions. Les minutes passent par dizaines sans se faire ressentir. Sandrine est très prise par le film. Elle ne prête pas beaucoup d'attention au pauvre Robin. Il en désespérerait sûrement s'il n'était pas lui aussi absorbé par le film. La fameuse scène de la chanson arrive enfin. Sandrine, prise d'émotion lors de cette scène, prend la main de Robin. Le jeune homme est tout à coup ramené à la réalité et il serre la main de sa voisine. Le film continue et son déroulement inspire Robin et touche énormément la jeune Sandrine.

Their discussion is interrupted by the start of the film. The film is rich with emotion. The minutes pass quickly without them seeming to. Sandrine is very taken with the film. She hardly pays any attention to poor Robin. He would have lost hope if he too weren't so absorbed in the film. The famous song scene arrives finally. Sandrine, full of emotion because of the scene, takes Robin's hand. The young man is suddenly brought back to reality and he hold his neighbor's hand tightly. The film continues and its progress inspires Robin and touches young Sandrine enormously.

Le film terminé, Robin demande à Sandrine ses réactions sur le film:

"Alors, tu as aimé le voir sur grand écran?

-Oui, c'était merveilleux. Ça me touche vraiment beaucoup ce genre d'histoire. Merci Robin pour ce film.

-De rien. On en fera d'autres encore comme ça, si tu veux.

-Oui, j'en serai vraiment ravie.

-Les décors sont magnifiques. Ces paysages d'Amérique profonde sont très propices à ce genre d'histoire. J'aime également l'évolution des personnages le long du film.

-Moi aussi. Tout est vraiment parfait dans ce film. Les décors, le scénario, les acteurs, les figurants, le maquillage, l'éclairage tout, mais vraiment tout y est parfait !

-Haha! Je vois que tu l'aimes beaucoup. Bon on y va maintenant?

-D'accord, allons-y."

Once the film has ended, Robin asks Sandrine her reaction to the film:

"So, you liked watching it on the big screen?"

"Yes, it was wonderful. That genre of story affects me a great deal. Thank you, Robin for the movie."

"Not at all. We can see more like that if you wish."

"Yes, I would love to."

"The settings are wonderful. The deep American countryside is very suitable for this type of story. I equally liked the development of the characters through the film."

"Me too. Everything is perfect in the movie. The décor, the scenes, the actors, the extras, the makeup, the lighting, everything, and everything is perfect!"

"Ah, I see you really like it! So, shall we go now?"

"Okay, let's go."

À la sortie du cinéma, comme il n'était pas très tard, Robin propose à Sandrine d'aller faire un tour dans le parc qui n'était pas loin. La jeune fille accepte. Elle, qui aime les promenades nocturnes, ne pouvait refuser. Ce soir-là, il fait assez doux et le ciel est bien clair, ça leur permettra de bien voir les étoiles.

As they leave the cinema, since it wasn't too late, Robin suggested to Sandrine that they take a walk in the park which wasn't very far away. The young woman accepts. She who loves evening walks couldn't refuse. The evening is quite pleasant, and the sky is clear so they can easily see the stars.

Arrivés au parc, les jeunes amis discutent en marchant. Sandrine parle encore du film:

"Je ne pensais pas que tu aimais les films romantiques! En général, les garçons ne sont pas très romantiques.

-Ce n'est pas mon cas. Je suis très romantique comme gars. En fait, même les autres garçons le sont aussi, mais ils ne le montrent pas forcément.

-Je crois que tu as raison. Il faut vraiment côtoyer un garçon pour bien le connaître. Un film comme "Le Temps d'un automne" est un excellent moyen pour découvrir ce genre de choses. L'affection qui naît entre les personnages est si forte. Il faut dire que même à la lecture du roman on ressent ça. De plus, la distribution est très bien faite. Ils ont choisi de super bons comédiens.

-Oui et l'histoire nous montre à quel point la vie est précieuse. Tu ne trouves pas?

-Oui je trouve aussi. La vie passe assez vite."

Arriving at the park, the two young friends chat while walking. Sandrine speaks again of the film:

"I didn't think you liked romantic movies! In general, boys aren't very romantic."

"Not in my case. I am very romantic as a guy. In fact, other guys are too but they don't necessarily show it."

"I think you're right. You must really spend time with a guy to know him well. A film like "Le Temps d'un Automne" is an excellent way to discover that type of thing. The affection that emerges between the characters is so strong. You'd say that even in reading the novel you can feel it. What's more, the casting is very well done. They chose really good comedians."

"Yes, and the story shows us how precious life is. Don't you think?"

"Yes, I find that also. Life passes so quickly."

En entendant ces mots Robin pense que c'est le bon moment pour lui. Il se dit qu'il peut enfin lui avouer ses sentiments. Prenant son courage à deux mains, Robin se lance:

"Sandrine, j'ai quelque chose à t'avouer."

Hearing these words Robin thinks it's the right time for him. He tells himself he can finally confess his feelings. Taking his courage in both hands, Robin begins:

"Sandrine, I have something to confess to you."

La jeune fille avec un petit air étonné se retourne vers Robin et attend d'entendre ce que le jeune homme veut lui dire. Robin reprend:

"On se connaît depuis un certain temps maintenant. Je ne te cacherais pas que je ressens plus que de l'amitié pour toi. Tu es une fille sympa, sûre de toi et tellement adorable. Ton influence sur moi est magique, personne n'a jamais su me faire sortir de ma coquille comme toi. Je suis amoureux de toi Sandrine.

-Eh bien! Je m'attendais à une telle déclaration, mais pas à tout ça. Robin tu es si gentil, je ne pensais pas que je t'inspirais autant de choses. Moi aussi je suis amoureuse de toi. J'ai eu des sentiments dès le début, dès que tu es arrivé au lycée. Au moment où tu es entré dans la salle de cours, je t'avais tout de suite remarqué et je me suis dit qu'il fallait que je te parle. Je n'ai jamais pu t'avouer mes sentiments, j'espérais que ce soit toi qui le fasses. Ce soir je suis tellement heureuse d'être avec toi. Je t'aime Robin."

With a slightly surprised look, the young girl turns toward Robin and waits to hear what the young man wants to tell her. Robin says:

"We have known each other for a bit now. I won't hide the fact that I feel more for you than friendship. You are a nice girl, self-confident and so adorable. Your influence on me is magic, no one has ever known how to make me come out of my shell like you do. I am in love with you Sandrine."

"Well! I expected such a declaration, but not all that. Robin you are so nice, I would never have thought that I would inspire so many things in you. Me too, I am in love with you. I've had these feelings since the beginning, since you arrived at school. The moment you entered the classroom, I noticed you and told myself that I must talk to you. I could never confess my feelings to you, I was hoping it would be you who would do it. Tonight I am so happy to be with you. I love you Robin."

Sur ces mots, le jeune homme prend l'initiative de l'embrasser. Le baiser est très bien accueilli par Sandrine. Les deux amoureux ne tardent pas et Robin reconduit Sandrine chez elle. Les deux adolescents sont aux anges.

With these words, the young man takes the initiative to kiss her. The kiss is very much welcomed by Sandrine. The two lovers don't hesitate and Robin drives Sandrine to her house. The two teens are in heaven.

Le weekend se termine et lundi arrive vite. Au lycée, tout le monde est surpris de voir Sandrine et Robin arriver main dans la main en cours. Jean court les voir pour les féliciter:

"Alors ça y est? Vous êtes officiellement ensemble?"

The weekend ends, and Monday comes quickly. At school, everyone is surprised to see Sandrine and Robin arriving to class holding hands. John runs to see them to congratulate them.

"So is that it? You are officially together?"

Sandrine lui répond avec beaucoup d'assurance que oui et que rien ne les séparera. La sonnerie retentit et tout le monde part en cours. La vie reprend son cours sauf que cette fois Robin est en couple avec la belle Sandrine.

Sandrine answers him very confidently with 'yes' and that nothing will separate them. The bell rings and everyone leaves for class. Life continues its course except that this time, Robin is part of a couple with his beautiful Sandrine.

HOW TO DOWNLOAD THE FREE AUDIO FILES?

The audio files need to be accessed online. No worries though—it's easy! On your computer, smartphone, iPhone/iPad, or tablet, simply go to this link:

https://www.talkinfrench.com/download-mp3-7-easy-french-stories/

> **Be careful!** If you are going to type the URL on your browser, please make sure to enter it completely and exactly. It will lead you to a wrong webpage if not entered precisely. You should be directed to a webpage where you can see the cover of your book.

Below the cover, you will find two "Click here to download the audio" buttons in blue and orange color.

Option 1 (via Google Drive): The blue one will take you to a Google Drive folder. It will allow you to listen to the audio files online or download it from there. Just "Right click" on the track and click "Download." You can also download all the tracks in just one click—just look for the "Download all" option.

Option 2 (direct download): The orange button/backup link will allow you to directly download all the files (in .zip format) to your computer.

Note: This is a large file. Do not open it until your browser tells you that it has completed the download successfully (usually a few minutes on a broadband connection, but if your connection is slow it could take longer).

The .zip file will be found in your "Downloads" folder unless you have changed your settings. Extract the .zip file and you will now see all the audio tracks. Save them to your preferred folder or copy them to your other devices. Please play the audio files using a music/Mp3 application.

Did you have any problems downloading the audio? If you did, feel free to send an email to support@talkinfrench.com. We'll do our best to assist you, but we would greatly appreciate it if you could thoroughly review the instructions first.

Merci,

Frederic

I AM HERE TO HELP!

J'adore my language and culture and would love to share it with you.

Should you have any questions regarding my book, the French language and culture, or technical issues, I am happy to answer them. You can contact me via email or through the Talk in French Facebook page.

Email: support@talkinfrench.com

Facebook: facebook.com/talkinfrench

Merci,

Frédéric BIBARD

Founder of TalkinFrench.com

YOUR OPINION COUNTS!

If you enjoyed this book, please consider leaving a review on Amazon and help other language learners discover it.

Scan the QR code below:

OR

Visit the link below:

https://geni.us/ZCH3Me

Made in United States
North Haven, CT
26 September 2024